best of
111 geschichten
aus dem
weltenmuseum

GEFÖRDERT DURCH

Niedersächsisches Ministerium
für Wissenschaft und Kultur

EINE INSTITUTION DES LANDES

Niedersachsen

best of

111 geschichten aus dem weltenmuseum

Herausgegeben von Katja Lembke

Sandstein Verlag · Dresden

INHALT

Vorwort

»Im 17. und 18. Jahrhundert waren Museen und Bibliotheken ganz eigentümliche Einrichtungen, weil sie Ausdruck des jeweiligen Geschmacks waren. Die Idee, alles zu sammeln und damit gleichsam die Zeit anzuhalten oder sie vielmehr bis ins Unendliche in einem besonderen Raum zu deponieren; die Idee, das allgemeine Archiv einer Kultur zu schaffen; der Wunsch, alle Zeiten, alle Epochen, alle Formen und Geschmacksrichtungen an einem Ort einzuschließen; die Idee, einen Raum aller Zeiten zu schaffen, als könnte dieser Raum selbst endgültig außerhalb der Zeit stehen, diese Idee ist ein ganz und gar moderner Gedanke. Museum und Bibliothek sind die eigentlichen Heterotopien unserer Kultur.«
M. Foucault, Die Heterotopien. Der utopische Körper. Frankfurt/M. 2005, S. 16

Mehrspartenhäuser haben wieder Konjunktur! Das Landesmuseum Hannover mit seinen »NaturWelten«, »MenschenWelten« und »KunstWelten« passt hervorragend in diesen Trend, denn unter einem Dach findet man scheinbar Unvereinbares und wird auf vielfältige Weise zum Entdecken und Nachdenken eingeladen.
Nach über 15 Jahren erscheint nun ein neuer Führer durch das »WeltenMuseum«, der anders als sein Vorgänger weniger die Geschichte des Landesmuseums und die einzelnen Fachbereiche als die ausgestellten Themen und Objekte in den Mittelpunkt stellt. Wobei mit dem Wort »Objekte« in diesem Fall auch Subjekte gemeint sind, denn einen großen Anziehungspunkt stellen die Fische in den Aquarien und die Landtiere in Terrarien der »NaturWelten« dar. Zu den Höhepunkten gehören neben hochkarätigen Kunstwerken aus acht Jahrhunderten auch historische Dioramen, die die Menschheitsgeschichte illustrieren. Dieses große Spektrum bietet ebenso die Möglichkeit zu interdisziplinärer Forschung wie zu inklusiver Wissensvermittlung – weit über 100 000 Besucher pro Jahr legen davon lebendiges Zeugnis ab!
An diesem Buch haben viele Kolleginnen und Kollegen des Landesmuseums mitgearbeitet, um die »Heterotopien« in angemessener Form zu präsentieren. Texte zum Bereich »NaturWelten« haben Annette Richter und Christiane Schilling beigetragen, zum Bereich »MenschenWelten« Andrea Spautz (Evolution), Babette Ludowici und Stephan Veil (Archäologie) sowie Alexis von Poser (Ethnologie) und schließlich zum Bereich »KunstWelten« Reiner Cunz (Münzsammlung), Antje-Fee Köllermann (Alte Meister) und Thomas Andratschke (Neue Meister). Die Fotos verdanken wir Ursula Bohnhorst und Kerstin Schmidt.
Dass aus der Vielfalt eine Einheit geworden ist, verdanken wir dem Sandstein Verlag und seinen Mitarbeiterinnen und Mitarbeitern. Heterogene Objekte und unterschiedliche Fachbereiche werden dank der Überarbeitung durch Christine Jäger-Ulbricht in gut lesbaren Texten vorgestellt. Das schöne Layout des Katalogs hat Simone Antonia Deutsch gestaltet. Herrn Stellmacher danken wir für sein Vertrauen und die Unterstützung dieses Buchprojekts.

Prof. Dr. Katja Lembke
Direktorin des Landesmuseums Hannover

KATJA LEMBKE

Was ist eigentlich ein WeltenMuseum?

Mehrspartenhäuser wie das Landesmuseum Hannover sind selten: Zwar werden in manchen Museen verschiedene Sammlungen unter einem Dach gezeigt, aber die übergreifende Verbindung von Kunst und Natur ist höchst ungewöhnlich, auch im internationalen Kontext. Zudem beherbergt das Museum seit vielen Jahren ein Vivarium – das führte bei manchem Besucher zum spöttischen Ausspruch, was denn die Fische mit der hohen Kunst zu tun hätten.
Anders ausgedrückt werden Mehrspartenhäuser oft negativ beschrieben, als Gemischtwarenläden, die keine klare Ausrichtung hätten und daher Spezialmuseen unterlegen seien. Die daraus resultierende Forderung nach Abtrennung der einzelnen Bereiche steht jedoch im Widerspruch zum Humboldt'schen Gedanken eines Weltmuseums.
Anders als die Sammlungen in Berlin oder Dresden entstand das hannoversche »Museum für Kunst und Wissenschaft« aus bürgerlichen Wurzeln: Die »Naturhistorische Gesellschaft Hannover«, der »Historische Verein für Niedersachsen« und der »Verein für die öffentliche Kunstsammlung« hatten 1852 beschlossen, ihre Sammlungen zusammenzuführen. 1856 konnte sich dann das neue Museum in der Sophienstraße 2, dem heutigen Künstlerhaus, präsentieren, bis es 1902 als Provinzialmuseum seinen neuen Standort am Maschpark erhielt. Seit Anbeginn ein Mehrspartenhaus, ermöglichte der Neubau eine Gliederung in drei Abteilungen: zum einen der historischen mit Sammlungen der Archäologie, aus der Geschichte Hannovers, einer Münzsammlung und völkerkundlichen Exponaten, dazu dem naturhistorischen Teil und schließlich der Kunstabteilung.
Mit seinem Namen war das »Museum für Kunst und Wissenschaft« schon zu seiner Gründungszeit den älteren königlichen Kunst- und Wunderkammern weit voraus, heute mutet dieser geradezu zukunftsweisend an. Schon für Wilhelm Leibniz, den großen Aufklärer des 17. Jahrhunderts, waren Museen »Theater der Natur und Kunst«, Räume, in denen sich Kunst und Wissenschaft begegnen. Der Kunstwissenschaftler Horst Bredekamp erkennt heute darin nicht nur eine historische Dimension, sondern sieht sogar »Kunst und Wissenschaft in einer produktiven Laborsituation« als ein »Motto für das kommende Jahrhundert«.
Museen verkörpern und konservieren also nicht nur die Welt, sondern stehen auch außerhalb von Zeit und Raum. Damit bedingen sich innen und außen: Es fließt von außen beständig in sie hinein, während die Museen innen ein Abbild der Welt sind. Wo könnte diese Aufgabe besser gelöst werden als in einem Haus mit fünf Sammlungen, der Landesgalerie, dem Münzkabinett, der Naturkunde mit einem Vivarium, der Archäologie und der Völkerkunde?
Wo kann sich das WeltenMuseum als Abbild der Welt vollständiger präsentieren als in einem Haus, das nicht nur Museum für Kunst und Naturkunde wie andere ist, sondern als eines der zentralen Museen Niedersachsens zur Identität der Bewohner des Landes beizutragen hat?

Das neue Konzept, das seit 2013 sukzessive umgesetzt wird, orientiert sich an der Geschichte des Museums mit drei Abteilungen und an der Architektur des Hauses als Abbild der Welt. So findet man jetzt im Erdgeschoss die »NaturWelten« als Verbindung der bisher getrennten Bereiche Vivarium und Naturkunde. Im ersten Stock erlebt man in den »MenschenWelten« die einzigartige Kombination der Fachbereiche Archäologie und Ethnologie, der Alten und der Neuen Welt. Und über allem schweben schließlich die »KunstWelten« mit Gemälden und Skulpturen vom Mittelalter bis in das 20. Jahrhundert.

Auch wenn dieser Ansatz intellektuell erscheinen mag, kommt er bei den Besuchern gut an. Für Familien ist das Landesmuseum eines der beliebtesten Ausflugsziele in Hannover und Umgebung, durch die neue Präsentation der Sammlungen haben viele weitere Kulturinteressierte das Haus neu entdeckt. Im Fokus der Vermittlung stehen auch Menschen mit Migrationshintergrund, denn bei der zentralen Frage in den »MenschenWelten«, welches eigentlich die Innovationskräfte für den Fortschritt der Menschheit sind, spielen Kulturkontakte und Migration eine entscheidende Rolle. So kann die Andersartigkeit nicht als befremdlich oder gar beängstigend, sondern als Bereicherung auch für unsere Gesellschaft wahrgenommen werden. Das ist Inklusion im besten Wortsinn: Kinder, Eltern oder »best ager«, unabhängig von der Herkunft, dem sozialen Status oder der Bildung – jeder Besucher findet im Landesmuseum Hannover etwas Besonderes, worin er oder sie sich wiederfinden kann.

So führt das neue Konzept statt zur Diversität zu einer Einheit, verbindet Altes und Neues, Kunst und Natur miteinander. Es ist nach Michel Foucault die bewusste Verbindung von Unvereinbarem. Und damit einzigartig.

Die NaturWelten

Mit den neuen »NaturWelten« im Erdgeschoss wurde eine vitale Verbindung von Vivarium und Naturkunde, von lebendiger und vergangener Natur geschaffen, die derzeit in Norddeutschland einmalig ist. Die Exponate sind dabei nicht nur auf Niedersachsen bezogen, sondern international verortet. Wichtige Urlaubsziele wie beispielsweise die Kanaren oder die Karibik werden in der Ausstellung ebenso thematisiert wie das Steinhuder Meer – und gemeinsam ausgeleuchtet.

Damit ergeben sich andere Blickwinkel auf die Lebenswelt der Niedersachsen und immer wieder erstaunliche Bezüge zwischen vermeintlich verschiedenartigen Orten und Themen: Ein Blick in die Erdgeschichte zeigt, dass die klimatischen Bedingungen der heutigen tropischen Karibik in einer älteren, aber sehr ähnlichen Erscheinungsform im Oberjura schon einmal »hier vor Ort« herrschten! Daraus resultiert ein großer Vorteil für die Vermittlung: Erdgeschichtliche Aspekte werden unmittelbar mit denen der jetztzeitlichen Lebensräume kombiniert sowie beide mit der Fülle des aquaristisch-terraristischen Lebens. Hauptaugenmerk ist also eine intensive Verbindung aller naturkundlichen Facetten miteinander, wie sie auch im tatsächlichen Erscheinungsbild der Umwelt auf unserer Erde vorkommt.

Den Anfang bilden die »WasserWelten« mit über 200 verschiedenen Wassertierarten aus unterschiedlichen Lebensräumen, aus Kalt- oder Warmwasser, Süß- oder Salzwasser. Inmitten der Aquarien präsentiert ein »Schädelkabinett« weitere Tiere in unseren Meeren und Ozeanen. Vom Wasser aufs Land: Ein elegant eingepasster Übergangsbereich vergleicht das rezente Leben der Aquarien mit dem verschiedener fossiler Meeresorganismen und stimmt darüber hinaus auf den nachfolgenden Ausstellungsteil ein.

In die »LandWelten« haben Dinosaurier, Reptilien und Amphibien Einzug gehalten. Hier »reist« der Besucher entlang verschiedener Küsten von der heimischen Nordsee über das Mittelmeer und die Kanaren bis zur Karibik und an die südamerikanische Küste. So können komplexe naturkundliche Inhalte wie die hohe Biodiversität von Insekten, die sehr spezifische

Bildung neuer Tierarten auf Inseln oder aber die Entstehung von Vulkanen an teils als beliebte Urlaubsziele bekannten Stationen erläutert werden. Hinzu kommt der Schwerpunkt »Südamerika – Amazonas« mit zahlreichen Terrarien, die lebende Bewohner des tropischen Dschungels beheimaten, ergänzt durch Erklärungen und Objekte zu Aspekten bedeutender Forschungsreisen wie der Äquinoktial-Reise Alexander von Humboldts.
Die Ausstellung zeigt außerdem erstmals im großen Umfang Originalplatten mit spektakulären Dinosaurierfährten-Abdrücken aus den Obernkirchener Sandsteinbrüchen. Sie belegen, dass in Niedersachsen vor 140 Millionen Jahren ein regelrechter »Wildwechsel« dieser Riesen herrschte.
Hierbei wird das spannende Thema »Evolution« eingeflochten, denn die Entwicklung vom Dinosaurier zum Vogel ist eines der Musterbeispiele für die Evolutionstheorie. Anhand der einmaligen Vogelsammlung, die das Landesmuseum besitzt, wird die Lebens- und Sterbensgeschichte dreier vom Menschen ausgerotteter Vogelarten präsentiert: dem Riesenalk, der Wandertaube und dem Carolina-Sittich. 80 weitere Vögel vom Kolibri bis zum Darwin-Nandu zeigen in einer großen Voliere das ganze Spektrum der Vogelfamilien.
In der Ausstellung befinden sich zudem zwei Großterrarien. Eines davon beherbergt das Skelett eines Plateosaurus sowie mehrere quicklebendige Bartagamen. Das zweite Terrarium bietet Platz für Grüne Leguane. Einmalige Funde von Krokodilen und Schildkröten sowie eine Vielzahl fossiler Pflanzen und Skelette, etwa von Leguanen und Riesensalamandern, ergänzen das Spektrum der Exponate.

Die MenschenWelten

Die MenschenWelten präsentieren die Erfolgsgeschichte des *homo sapiens sapiens*, die auf dem Prinzip der Migration, des Handels und des Austausches von Ideen beruht: Nicht Abgrenzung und Exklusion fördern den Fortschritt, sondern Offenheit und interkultureller Austausch. Die Ausstellung schlägt einen Bogen von den Anfängen der Menschheit bis zu den außereuropäischen Kulturen der Neuzeit. Im Mittelpunkt stehen die Sammlungen der Archäologie und der Ethnologie, ergänzt durch naturkundliche Exponate im Bereich der Evolution und durch solche der Landesgalerie im Bereich des Übergangs von der Alten in die Neue Welt. Dieses

einmalige Panoptikum nutzt alle Vorteile des Mehrspartenhauses und bietet den Besuchern einen kurzweiligen und abwechslungsreichen Einblick in die Geschichte der Menschheit.
Auf ihrem Rundgang durch die »MenschenWelten« reisen die Besucher zunächst durch die Entwicklungsgeschichte des Menschen und werden dabei mit ihrer «Ahnenreihe« bekannt gemacht: von den Vormenschen, die bereits aufrecht gehen können, über die Handwerker, die die ersten Steinwerkzeuge anfertigen, bis zum Frühmenschen, der sich anatomisch kaum noch vom modernen Menschen unterscheidet, das Feuer zu beherrschen lernt und Afrika als Wiege der Menschheit verlässt. Wertvolle historische Dioramen zeigen unsere Vorfahren in ihren jeweiligen Lebensräumen.
Der folgende Ausstellungsabschnitt erzählt die Urgeschichte des Menschen im heutigen Niedersachsen, über die wir einiges erfahren, auch wenn es aus dieser Zeit natürlich keine schriftlichen Zeugnisse gibt. Die Objekte selbst erzählen uns Vitrine für Vitrine, quasi Blatt für Blatt die Geschichte: wie Menschen aus fernen Gegenden einwanderten, wie dramatische Klimaschwankungen das Gesicht der Erde veränderten, wie technische Innovationen Wirtschaft, Gesellschaft und Kultur beeinflussten und welche Auswirkungen das auf die Umwelt hatte, wie eine Kriegerkaste entstand, Reichtum angehäuft und Macht ausgeübt wurde und schon vor 3000 Jahren eine hochkulturähnliche Gesellschaft entstand.
Mit dem direkten, auch kriegerischen Kontakt zwischen Römern und Germanen im heutigen Niedersachsen kam es zu grundlegenden Veränderungen in der ansässigen Bevölkerung. Germanische Krieger übernahmen Aufgaben im römischen Heer und kehrten nach ihrer Dienstzeit mit fremdartigen Gütern und neuen Ideen in die Heimat zurück.
Der Kulturkontakt ließ den Handel aufblühen, brachte Handwerk und Landwirtschaft voran. Eine Elite bildete sich heraus, deren Statusbewusstsein sich zum Beispiel in den reichen Grabbeigaben der Römischen Kaiserzeit widerspiegelt.
Moorfunde von Textilien führen uns die Alltagskleidung vor Augen, ermöglichen aber auch Rekonstruktionen der ansonsten kaum greifbaren Pracht aufwendig hergestellter Bekleidung. Anhand von Moormumien wie dem »Roten Franz« können wir zudem die Haar- und Bartmode im Germanien der Römischen Kaiserzeit nachvollziehen.

Innerhalb dieser Abteilung lenkt eine raumgreifende Installation den Blick auf ein interessantes Phänomen: In der Mitte des Raumes erhebt sich ein imitierter Grabhügel. Solche Hügel gibt es in Niedersachsen seit der Jungsteinzeit und Bronzezeit. Um diesen herum angeordnet finden sich die Grablegen der germanischen Bevölkerung mehrerer Jahrhunderte. Sie hatte sich bei der Wahl ihres Bestattungsplatzes an diesen bereits damals »uralten« Landmarken orientiert. Bestattungen mit zahlreichen Waffen oder reichem Schmuck- und Trachtmaterial zeugen von den germanischen Eliten, die es auch unter den historischen »Sachsen« im frühen 5. Jahrhundert gab – und von deren Prestigebewusstsein. Aus einem dieser reichen Waffengräber stammt eine etwa münzgroße Zierscheibe aus Silber, auf der das älteste originär niedersächsische Schriftzeugnis eingeritzt wurde. Die Bedeutung der Runen mag »Der mit dem Speer Geweihte« gelautet haben.

Seit der zweiten Hälfte des 8. Jahrhunderts wuchs der Druck der benachbarten Franken auf die Sachsen: Karl der Große strebte politisch wie auch militärisch danach, die sächsischen Territorien unter seine Herrschaft zu bringen. Karls Krieg gegen die Sachsen war aber nicht nur ein Eroberungsfeldzug, sondern auch ein religiöser Konflikt. Um den hartnäckigen Widerstand zu brechen, den seine Bemühungen hervorriefen, setzte er auf nachhaltige Zermürbungstaktiken: Zwangsumsiedlungen, Christianisierung, Massenhinrichtungen und Geiselnahmen führten nach über 30 Jahren zum Erfolg des fränkischen Kaisers. Die Festigung der fränkischen Herrschaft ging mit dem Auf- und Ausbau einer bestimmten Form der Infrastruktur einher: Herrscherpfalzen und Klöster verankerten kirchliche und weltliche Macht in der Landschaft.

Im Hochmittelalter angekommen, wird dem Besucher das Aufkommen einer dritten einflussreichen gesellschaftlichen Gruppe vermittelt: Neben der Kirche und dem weltlichen Adel bildete sich in den nun »boomenden« Städten das Bürgertum aus. Dieses wusste seine Ansprüche gegenüber weltlichen Herrschern und kirchlicher Kontrolle zu vertreten und legte bedeutende Grundsteine zur Entwicklung unserer heutigen Gesellschaftsform.

Kennzeichnend für die mittelalterliche Stadt war unter anderem die Konzentration hochqualifizierter Handwerker, die sich selbst Organisationsformen gaben, welche bis in unsere Zeit nachwirken. Alltagsgegenstände wie Lederbekleidung, Knochenschnitzereien, Tafelgeschirr aus Keramik und Glas erreichten ein noch heute beeindruckendes Niveau. Das Kunsthandwerk, auch im sakralen Bereich, blühte auf. Exemplarisch stehen dafür ein Taufstein mit Relieffries und ein Tafelbild, das die Heilige Familie in einem mittelalterlichen Haushalt zeigt. Auf diese Weise wird eine unmittelbare Verbindung zu den »KunstWelten« geschaffen.

Mit der Entdeckung der Neuen Welt im 15. Jahrhundert veränderte sich auch der Alltag der Menschen. Eindrucksvolles Indiz hierfür sind die bei Stadtkerngrabungen reichlich geborgenen, frühneuzeitlichen Tabakspfeifenfragmente aus Ton, denn die Neue Welt machte süchtig! Damit ändert sich die Perspektive der Besucher: Stand bisher die Region Niedersachsen entlang einer Zeitachse von den ersten kulturellen Spuren bis zum Spätmittelalter im Mittelpunkt, weitet sich nun der Fokus auf die außereuropäische Welt, die in jener Zeit der Seefahrten und Entdeckungen in den Blick Europas trat.

Diesen Perspektivwechsel verdeutlichen zwei lebensgroße Gemälde: Das eine stellt Spaniens König Karl II. dar, ihm gegenüber hängt das Porträt von Don Luys aus Peru, dem adligen Nachkommen des 3. Inka aus Cuzco, der Hauptstadt des alten Inkareichs. Das Peru, das die Konquistadoren vorfanden und ausraubten, stand Europa zur damaligen Zeit in nichts nach: Es besaß ein komplexes Staats- und Handelssystem und eine künstlerisch hoch entwickelte materielle Kultur. Gleichzeitig führt das Bildnis des Don Luys den peruanischen Blick auf die Europäer vor Augen, denn hier bediente man sich deren repräsentativen Darstellungsformen.

Einen weiteren Perspektivwechsel ermöglichen Exponate von der zweiten Weltumsegelung des Kapitän James Cook in den Jahren 1772 bis 1775. Sie sind besonders wertvoll, da sie zu den ältesten Beispielen materieller Kultur aus der Südsee zählen. Oft gelten sie auch als Beispiele für eine »noch unveränderte Kultur« vor dem Kontakt mit Europäern.
Der dritte Perspektivwechsel leitet dann in die Hauptnarrative dieses Ausstellungsteils über. Hier steht die Person Epeli Hau'ofas im Mittelpunkt, eines Schriftstellers und Ethnologen aus Fiji, der eine alternative Sicht auf den Kontinent Ozeanien propagiert hat: Nicht die kleinen Inseln in einem großen Ozean sollte man wahrnehmen, sondern den Ozean als Gesamtheit verstehen – als einen Kontinent aus weiten Handels- und Reisewegen, der die Inselstaaten miteinander verbindet, statt sie voneinander zu trennen. Nach dieser Sichtweise ist Ozeanien der größte Kontinent der Erde und umfasst nahezu ein Drittel der Oberfläche des Planeten. Hier wird eine alternative Globalisierung vorgestellt, die nicht von Europa, sondern vom Pazifik ausging. Ursprünglich aus Südchina kommend, begann vor etwa 5000 Jahren eine als Austronesier bezeichnete Bevölkerung sich zuerst nach Taiwan, dann über die Philippinen und Papua-Neuguinea über den Pazifik bis nach Hawai'i und zur Osterinsel und in die andere Richtung über den Indischen Ozean bis nach Madagaskar vor der ostafrikanischen Küste auszubreiten. Diese »Globalisierung« erfolgte mit Auslegerkanus und dauerte einige Tausend Jahre.
Multiperspektivische Ansätze durchbrechen die einseitige, auf Europa zentrierte Leseweise der Objekte. Sinnbildlich stehen dafür Darstellungen von Europäern und anderen Fremden aus Afrika, sogenannte Colon-Figuren, die den Blick der Kolonisierten auf die Kolonisatoren zeigen.
Am Beginn der Ausstellung steht die Evolution des Menschen, die sich vor allem in Afrika abgespielt hat; am Ende steht wieder Afrika, diesmal jedoch als kulturell hoch spannender Ort der Gegenwart. So können hier Beziehungen zwischen Millionen von Jahren, zwischen Naturkunde und Ethnologie hergestellt werden.
Woher kommen wir, wo stehen wir, wohin gehen wir? Das sind die Leitfragen dieser interdisziplinären Ausstellung. Hier können die Besucher die unterschiedlichen Welten der Menschen erleben, von ihrer Genese über die Kulturentwicklung in Niedersachsen bis zur Entdeckung, Eroberung und Veränderung der Welt.

Die KunstWelten

Im zweiten Obergeschoss befindet sich die Landesgalerie mit bedeutenden Kunstwerken vom späten Mittelalter bis in das frühe 20. Jahrhundert. Sie bietet einen weiteren Perspektivwechsel zu den »MenschenWelten«, denn hier wird nicht der Alltag, sondern das Herausragende und Exklusive des Kunstschaffens gezeigt.
Eine Sonderrolle nimmt dabei die Münzsammlung im Landesmuseum ein. Von den quantitativ am weitesten verbreiteten Medienträgern, den Münzen als alltäglichen Gebrauchsgegenständen, bis zu sehr wertvollen und außergewöhnlichen Medaillen gewährt diese Sammlung vor allem einen Einblick in die Schatzkammer der Könige von Hannover. Die geografischen Sammlungsschwerpunkte liegen in Niedersachsen, Großbritannien und Irland sowie den britischen Kolonien, bedingt durch die Personalunion zwischen dem Kurfürstentum und späteren Königreich Hannover mit dem Königreich Großbritannien zwischen 1714 und 1837.
Am Beginn des Rundgangs durch die »KunstWelten« steht zunächst der niedersächsische Raum im Mittelpunkt – mit seinen bedeutenden Altären aus der Zeit der Internationalen Gotik um 1400. Darunter befinden sich der Barfüßeraltar aus Göttingen und die berühmte Goldene Tafel, die ursprünglich in der Michaeliskirche in Lüneburg aufgestellt war.

Künstler wie Lucas Cranach und Tilman Riemenschneider führen dem Besucher dann die hohe Kunst der deutschen Renaissance vor Augen, gefolgt von den großen italienischen Meistern Sandro Botticelli und Jacopo Pontormo. Die Kunst des Barock erlebte eine Blütezeit in den Niederlanden, hier repräsentiert durch Werke von Peter Paul Rubens, Rembrandt van Rijn oder Jacob van Ruisdael. Für die deutsche Kunst des 19. Jahrhunderts stehen Werke von Caspar David Friedrich, Carl Spitzweg, Arnold Böcklin, Hans Thoma, Wilhelm Leibl, Adrian Ludwig Richter und anderen. Weltweit einmalig ist schließlich die Sammlung des deutschen Impressionismus und frühen Expressionismus: In der Landesgalerie befinden sich bedeutende Werkgruppen von Max Liebermann, Max Slevogt, Lovis Corinth und Paula Modersohn-Becker. Auch die französischen Impressionisten sind mit wichtigen Werken, unter anderem von Claude Monet und Alfred Sisley, vertreten. Diese umfangreiche Impressionismus-Sammlung verweist bereits in die Klassische Moderne.

Mit dieser überregional hoch bedeutenden Sammlung können verschiedene Gesichtspunkte zur Sprache gebracht werden. Angesichts der künstlerisch herausragenden Altäre stellt sich die Frage, wann das »Zeitalter der Kunst« eigentlich beginnt, ja wie man überhaupt »Kunst« definiert. Wer waren eigentlich die meist namenlosen Künstler, die diese Altäre geschaffen haben, wie haben sie gelebt? So können neben der kunsthistorischen Betrachtung auch die Lebenswelten stärker integriert werden, insbesondere die Kirchenräume, aus denen die Werke stammen.

Weiter lassen sich Verbindungen zu anderen Museen in Hannover aufzeigen: Im Museum August Kestner ist das Kunsthandwerk und Design versammelt, das nicht selten in enger Beziehung zur gleichzeitigen »Kunst« im Landesmuseum steht. Oder zum Sprengel Museum, wo sich die Kunst des 20. und 21. Jahrhunderts befindet, also der direkte zeitliche Anschluss an die Sammlung im Landesmuseum zu verfolgen ist. Schließlich sind die Münzen und Medaillen wichtige Zeugnisse der Geschichte unseres Landes und bilden daher eine Brücke zum Historischen Museum Hannover.

Auf diese Weise ist das »WeltenMuseum« ein in sich geschlossener Komplex, der aber darüber hinaus eng mit anderen Kulturinstitutionen der Stadt kooperiert und sie miteinander verbindet.

26 Geschichten aus den

natur welten

2,40 m – 5 m

Findet Nemo

Korallenriff-Becken
Paletten-Doktorfisch (*Paracanthus hepatus*), Gelber Seebader (*Zebrasoma flavescens*), Westlicher Segelflossen-Doktor (*Zebrasoma desjardinii*) Leopard-Drückerfisch (*Balistoides conspicilum*), Picasso-Drückerfisch (*Rhinecanthus aculeatus*), Indische Clownsjunker (*Coris formosa*), Rotzahn-Drückerfisch (*Odonur niger*), Anemonenfisch (*Amphiprion,* kleines Bild)
Lebensraum: Indopazifik

Ob gelb oder rot kariert, ob Blau mit Schwarz oder Knallorange – die Fische der tropischen Korallenriffe leisten sich jeden farblichen Luxus. Alles ist erlaubt und wird getragen. Leopard-Drückerfische fallen durch ihre weißen Punkte auf, Gelbe Seebader leuchten, wie der Name schon verrät, ganz in Gelb, und das Outfit der Westlichen Segelflossen-Doktoren besteht aus vielen hellen und dunklen Streifen.
Für uns ist das ungewöhnlich, kommen die uns aus Nord- und Ostsee vertrauten Fische doch meist silbrig und in Tarnfarben daher. Herrscht in den südlichen Meeren ewiger Karneval? Nein, die Farbenpracht im tropischen Riff hat einen ganz praktischen Sinn: In den riesigen Korallenstöcken, die mit ihren vielen Ecken und Höhlen den Fischen als Wohnung dienen, geht es zu wie in einem Hochhaus mit hunderten Apartments. Aber statt Namensschildern oder Hausnummern helfen beim Finden und Suchen hier die auffallenden Farbkombinationen, von denen jede Fischart eine ganz eigene besitzt. Mann und Frau finden sich so, Liebespärchen, Kinder ihre Eltern ebenfalls. Wohnungsinteressenten wird klar signalisiert, wo noch frei ist und unnötige Revierkämpfe werden vermieden. Denn Krach in der Nachbarschaft will auch bei Fisch und Co. niemand.

In Form für jede Schwimm-Lage

Amazonas-Becken
Gabelbart (*Osteoglossum bicirrhosum*), Süßwasserstechrochen (*Potamotrygon leopoldi*), Roter Oskar (*Astronotus ocellatus*), Dickkopf-Scheibensalmler (*Metynnis hypsauchen*), Schwarzstreifensalmler (*Semaprochilodus taeniurus*)
Lebensraum: Amazonas

Das Amazonas-Becken – also das Einzugsgebiet des Amazonas – bedeckt fast die gesamte nördliche Hälfte von Südamerika. Es ist ein riesiges Süßwassergebiet, umgeben von tropischem Regenwald. Manche Berechnungen gehen davon aus, dass etwa ein Fünftel des Süßwassers auf der Erde durch die Flussläufe des Amazonas-Beckens fließt. Entsprechend groß ist der Artenreichtum, allein an Fischen gibt es hier etwa 2 000 Arten, das sind viermal so viele wie in ganz Europa.

Wie jedes Meer und jeder See besitzt auch dieses Wassersystem verschiedene Etagen, ganz wie in einem Haus. Es gibt den Grund, eine »Freiwasserzone« in der Mitte und die Wasseroberfläche. Wie bei den Menschen gibt es auch im Fischreich Vorlieben für den Aufenthalt in der Höhe oder der Tiefe: Der eine mag »Dachterrassen«, der andere fühlt sich »ebenerdig« wohl. Nur dass die Präferenzen hier nicht individuell, sondern aufgrund evolutiver Prozesse geformt sind. Viele Tausend Jahre lange Anpassung bestimmt die Gestalt der Tiere. So ist ein Oberflächenfisch wie der Gabelbart zur Wasseroberfläche hin mit einer geraden Rückenlinie ausgestattet und hat nicht die runde Form eines »Mittelfisches«, etwa eines Scheibensalmlers. Fischarten, die in der Freiwasserzone leben, verfügen über ausgewogen geformte Bäuche und Rücken, das stabilisiert beim Schwimmen ungemein. Ganz unten leben Wels und Rochen. Sie sind auf ihrer Unterseite abgeflacht, oder wie der Rochen sogar ganz platt – und können so mehr oder minder getarnt auf dem Grund bequem liegen und sich obendrein eingraben.

Der Lebensraum ist eben ganz Formsache.

Flach und fleckig

Becken mit Plattfischen
Roter Knurrhahn (*Tringa hirundo*), Kleiner Katzenhai (*Scyliorhinus caniucula*), Scholle (*Pleuronectes platessa*), Steinbutt (*Scophthalmus maximus*), Dorsch (*Gadus morhua*)
Lebensraum: Nord- und Ostsee

Steinbutt, Flunder oder Scholle – nicht nur dem Fischfeinschmecker sind diese Namen geläufig. Auch Biologen interessieren sich für die Gruppe der Plattfische, und das liegt an der Besonderheit ihrer Anatomie.
Mit ihrer ungewöhnlichen Körperform sehen sie aus, als wären sie plattgedrückt. Wenn sie auf dem Boden des Beckens schwimmen, sieht man allerdings nicht die Oberseite der Tiere – denn sie liegen nicht auf dem Bauch, sondern auf der Seite! Als kleine Fische noch ganz »normal« gebaut, wandern beim Butt nach vier bis acht Wochen die Augen auf die linke Körperhälfte, bei der Scholle auf die rechte – die Tiere entwickeln sich asymmetrisch und haben eine gefleckte »Augenseite« und eine helle »Bodenseite«. Die Flecken können die Tiere übrigens in Form und Farbe dem Untergrund anpassen, ähnlich dem Chamäleon.
Und die flache Bauweise ist für ein Leben am Boden der Meere perfekt.
Zusammen mit den Flecken dient die Körperform der Tarnung. Aber warum müssen sich Plattfische tarnen? Camouflage, eine perfekte Maskierung, ist im Tierreich für zwei Dinge sehr nützlich: Zum einen wird man als Räuber nicht gesehen und kommt dichter an seine Beute heran, damit steigt die Chance auf eine erfolgreiche Jagd. Zum anderen wird man selbst als Beute nicht erkannt, und der Fressfeind zieht meist hungrig weiter.
Bei den Plattfischen trifft beides zu, denn sie sind Räuber: Kleine Krebse, Muscheln oder Borstenwürmer stellen ihre Hauptmahlzeit dar. Sie werden aber auch selbst Beute – größere Fische haben Appetit auf Schollenfilet.

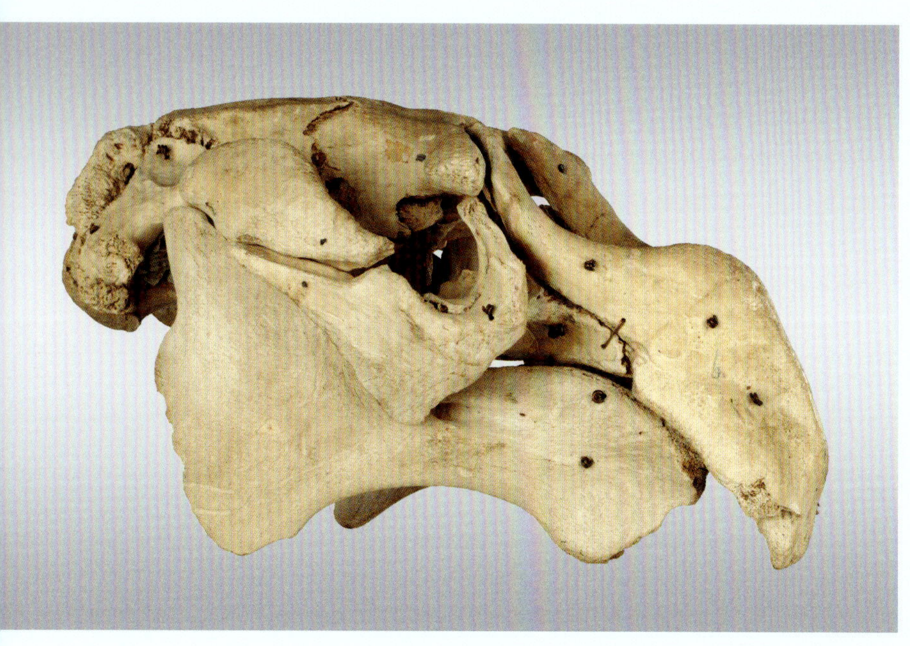

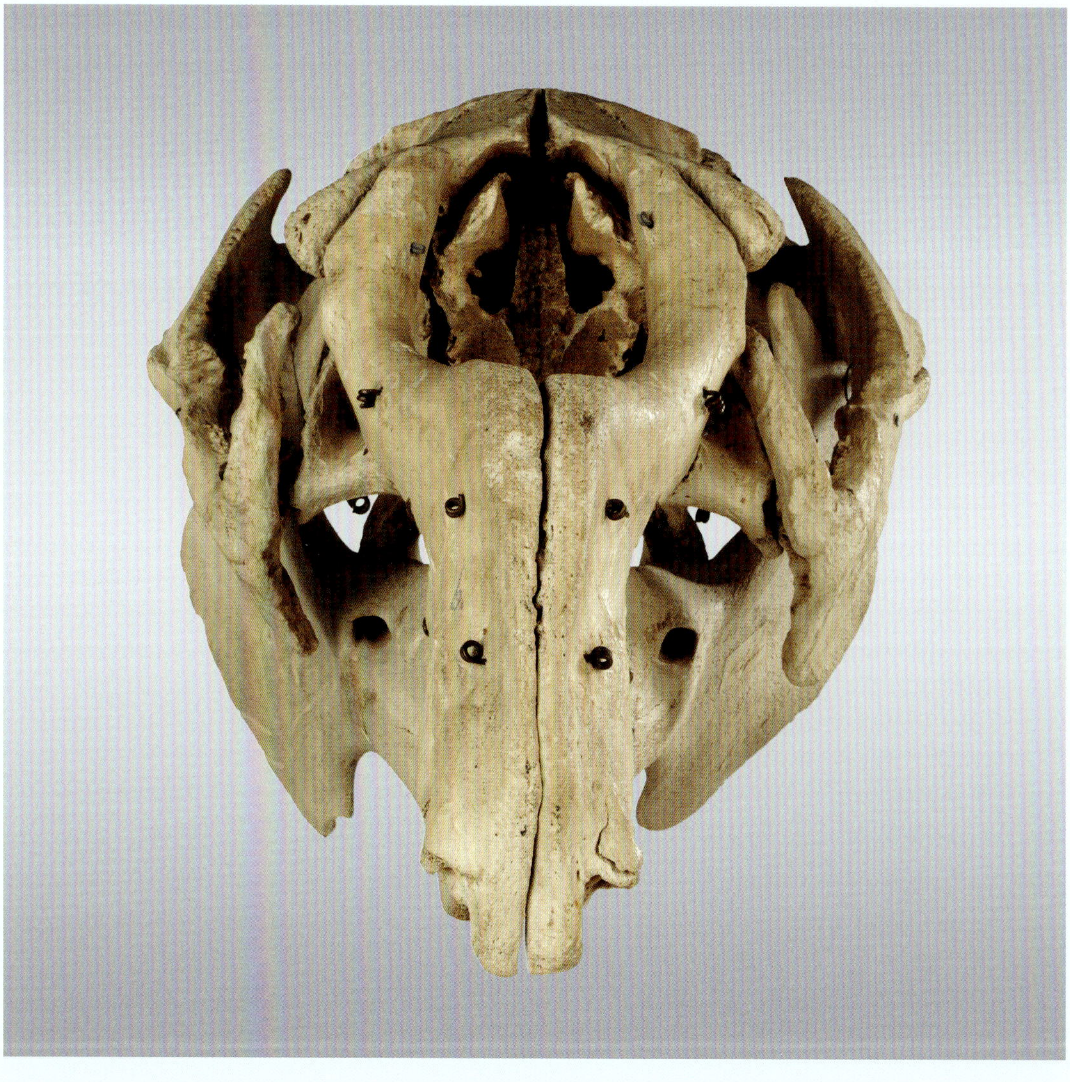

Schädel der Stellerschen Seekuh (*Hydrodamalis gigas*)
18. Jh.
ca. 70 × 35 × 40 cm
Fundort: Beringinsel

Die Seekuh, die aus der Kälte kam

Der Schiffbruch einer russischen Expedition auf den Kommandeur-Inseln vor der Halbinsel Kamtschatka führte im Jahr 1741 zu einer aufregenden Entdeckung: Im kalten, subarktischen Meereswasser lebte eine gigantisch große Seekuh, die mit fast acht Metern Länge viel größer war als die beiden aus warmen Gewässern bekannten Gattungen, Dugong und Manati. Der Mediziner und Zoologe Georg Wilhelm Steller staunte, wie leicht man Riesenseekühe fangen konnte, und nutzte die Zwangspause auf der Insel zu detaillierten anatomischen Untersuchungen. Er verfasste eine Beschreibung, die 1751, einige Jahre nach seinem Tod, von einem Kollegen veröffentlicht wurde.
Bis 1768 rotteten Robbenjäger die Riesenseekühe aus. Das macht den ausgestellten Schädel der »Stellerschen Seekuh«, wie sie nach ihrem Erstbeschreiber heißt, so kostbar – er ist einer der letzten.
Auffällig an ihm ist der große »Nasenbereich«, der weit nach vorn und unten gezogen ist. Dort saß eine sehr breite, fleischig-muskulöse Schnauze – die Vorstufe eines Rüssels.
Diese Rekonstruktion deckt sich mit Stellers Beschreibungen und mit der Anatomie der heute lebenden Seekuh-Arten. Allesamt sind sie keineswegs mit Kühen verwandt, wie der Name nahelegt, auch nicht mit Robben oder Walen, wie man vielleicht aus der Lebensweise schließen könnte. Die nächsten Verwandten der Seekühe sind Elefanten!
Als strikte Vegetarier hatten die Riesenseekühe einen extrem hohen Nahrungsbedarf.
Wie die heute noch lebenden Arten weidete die Stellersche Seekuh daher mit dem beweglichen Rüssel-Maul in der gewaltigen Biomasse der Grünalgen und der langen Brauntange und kaute diese anstelle von Zähnen mit Hornplatten.

Kupfersilikat (*Dioptas*)
ca. 18,5 × 13 × 14,5 cm
Fundort: Tsumeb Minen,
Namibia
Sammlung Bahlsen

Es grünt so grün

Beim Bestimmen von Mineralien gehen Fachleute selten nach der Farbe, weil diese bei ein und demselben Mineral durchaus verschieden sein kann. Die Farbe des Minerals wird von der Umgebung, in der es entsteht, bestimmt. Das bestechend kalt-grüne Glitzern und Glänzen der Dioptas-Kristalle jedoch ist immer gleich ausgeprägt und daher charakteristisch.
Obwohl dieses Kupfersilikat sehr ästhetisch aussieht und bisweilen Kupfersmaragd genannt wird, dient es nur selten als Material für Schmuck, denn mit der Härte 5 im Vergleich zu Diamant (Härte 10) oder dem ebenso grünen, durchaus verwechselbaren Smaragd (Härte 7,5 bis 8) ist es relativ weich. Umso bedeutender ist der Dioptas für Sammler als sogenannte »Stufe«, also als repräsentatives großes Stück mit gut ausgebildeten Kristallen, meist in typischen Verwachsungen mit anderen Mineralien. Beim Dioptas ist das meist Kalkspat.
Dieses Stück entstammt der Sammlung von Klaus Bahlsen, der sich sehr für Mineralien interessierte und dessen Sammlung von der Rut- und Klaus-Bahlsen-Stiftung ans Landesmuseum gegeben wurde.
Rohstoffgeologen denken allerdings nicht primär ans Sammeln, wenn sie Dioptas im Gelände entdecken: Er entsteht nämlich in der Verwitterungs- bzw. Oxidationszone von Kupfererz-Lagerstätten und ist daher Anzeiger für das begehrte Metall. Unser Stück stammt aus den weltberühmten Tsumeb-Kupferminen in Namibia.
Global betrachtet ist Dioptas ein seltenes Mineral. Zudem befinden sich in Standard-Sammlungen meist deutlich kleinere Exemplare – deswegen ist unser Dioptas dank seiner außergewöhnlichen Größe ein wahres Prunkstück.

Rezente Kamm-Muschel
(*Chlamys pallium*),
Fossile Kamm-Muschel
(*Pecten asper*)
Oberkreide, ca. 70 Mio. Jahre
fossil: ca. 8 × 8 × 5 cm
rezent: ca. 8,5 × 9 × 3,5 cm
Fundort: England (Warminster)

Schöne Schale

Sie bedient alle: Naturkundler, Pilger, Heraldiker, Feinschmecker, Börsianer und Cineasten – die Kamm-Muschel. Als Symbol für den Jakobsweg, als Delikatesse und auch als Logo eines großen Ölkonzerns, dessen Anfänge sich übrigens auf den Handel mit Muscheln und Schnecken zurückführen lassen. Sie gilt als eine der »Muscheln« schlechthin.
In vielen Arten sind die Kamm-Muscheln in den Weltmeeren verteilt – sowohl lebend als auch fossil. Man erkennt sie stets an ihren ein oder zwei Fortsätzen, die man Flügelchen nennt und die am Muschelschloss sitzen. Dieses wird, muscheluntypisch, nur von einem einzigen großen Muskel zusammengehalten, Feinschmecker kennen ihn. Kamm-Muscheln leben ganz unterschiedlich, einige im Sand eingegraben, andere sind sogar in der Lage zu schwimmen.
Auch was Größe und Aussehen angeht, ist die Gruppe sehr variabel. Oft sind die Schalen bunt gefärbt: Rot, Gelb oder zartes Rosa finden sich. Diese Farbigkeit ist kein Alleinstellungsmerkmal der heute lebenden Arten; auch in dieser über 360 Millionen Jahre alten Muschelgruppe konnten in den versteinerten Schalen ehemalige Farbzeichnungen nachgewiesen werden. Zwar erhalten sich nicht die Original-Pigmente, aber mineralisierte »Schatten« ihrer Zerfallsprodukte. Schon die Welt der ausgestorbenen Muscheln und Schnecken in den paläotropischen Gewässern während der letzten 360 Millionen Jahre muss eine sehr bunte gewesen sein!

Nicht Blume, sondern Meerestier

Nein, Seelilien gehörten nicht zu den Pflanzen, auch die fossilen nicht. Es sind eng mit anderen Stachelhäutern verwandte Tiere! Ihr Aussehen lässt sich vielleicht am besten dadurch beschreiben, dass man sich einen beweglichen, vielarmigen Seestern vorstellt, der mit dem Rücken auf einem im Meeresboden verankerten Stiel sitzt. Mit den Armen, die nun nach oben zeigen, strudeln sich die Seelilien Nahrungspartikel aus dem Meerwasser zu ihrem Mund in der Mitte ihres »Kelches«.

Die kleinen kalkigen Scheibchen, die den Stiel bilden, wurden im Mittelalter für »versteinerte« Mini-Münzen gehalten und vielerorts »Bonifatiuspfennige« genannt. Da mutet es wie eine Ironie des Schicksals an, dass der Sammler Otto Klages – von dem eine sehr große Sammlung am Landesmuseum existiert, die zahlreiche Seelilien dieses Typs enthält – besonders gut erhaltene, vollständige Seelilien-Fossilien als »Währung« einsetzte. Er tauschte nämlich weltweit mit anderen Fossiliensammlern seine lokal gesammelten Seelilien vom Elm gegen deren lokale Spitzenstücke.

Am Elm – einem Höhenzug bei Königslutter – wurden früher sehr viele fossile Seelilien gefunden. Da dort jedoch kein Muschelkalk-Abbau mehr stattfindet, durch den diese erst an die Oberfläche kamen, wurden die Fossilien in den vergangenen Jahrzehnten von Hobby-Paläontologen weitgehend abgesammelt. Der Elm ist dadurch mittlerweile sozusagen »seelilienfrei«. Es bräuchte nun frisch gebrochenes Gestein oder eine lange Phase der Verwitterung, bis wieder Funde gemacht werden könnten.

Kalksteinblock
mit fossilen Seelilien
(***Encrinus liliiformis***)
Muschelkalk, Mittlere Trias,
240 Mio. Jahre
Kalksteinblock: 85 × 55 × 11 cm
Fundort: Erkerode am Elm
bei Königslutter

Fossil eines Fischsauriers
(***Ichthyosaurus communis***)
Unterer Jura, Lias, 190 Mio. Jahre
Länge: ca. 255 cm
Fundort: Doniford Bay,
Großbritannien

Der Fischsaurier im Wohnzimmer

Das Urvieh mit nach oben gereckter Schnauze muss bedrohlich ausgesehen haben im Wohnzimmer des Fotografen Ernst Schwitters. Ob der Sohn des berühmten Dadaisten Kurt Schwitters wusste, dass das Stück sozusagen falsch herum aufgehängt war?
Das fossile Skelett ragte bei der Auffindung wahrscheinlich aus dem umgebenden Sediment heraus, präpariert wurde daher von der weniger verwitterten Unterseite. Der Schädel, der heute so markant auf den Betrachter zuweist, lag also in der richtigen Orientierung tiefer als der Rest des Körpers. Präparatoren beschreiben diese schräge Kopflage scherzhaft als »kamikaze-artig«, als ob der Fischsaurier schief in den Schlamm hinein gerammt wäre. Tatsächlich drang der sehr schwere Schädel beim Absinken des Fischsaurier-Kadavers nur aufgrund des hohen Gewichts tiefer in den Schlamm des damaligen Meeresbodens ein als der restliche Körper.
Die Ablagerung der Fischsaurier-Leiche vor über 190 Millionen Jahren kann sich nicht allzu weit von einer damaligen Küste entfernt ereignet haben – das wird durch einen unscheinbaren kleinen Landpflanzenzweig im oberen Teil der Fossilplatte belegt, dessen gut erhaltene Blattfiederung auf einen sehr kurzen Transportweg hindeutet. Die vielen metallisch-bunt schillernden Ammoniten (in sogenannter Pyrit-Erhaltung, nach dem »Katzengold«-Mineral) sind aber klare Indizien dafür, dass der Lebensraum des Urtiers das freie Meereswasser war. Auch wenn die Platte eigentlich mit dem Boden nach oben in der Vitrine liegen müsste – die dreidimensional erhaltenen Knochen und vor allem der scheinbar nach oben gereckte Schädel sind Markenzeichen dieses prachtvollen Ichthyosaurier-Fossils.

Hart, aber herzlich

Herzseeigel
(***Micraster schroederi***)
Oberkreide, Unteres
Campanium, 75 Mio. Jahre
ca. 6 × 6 × 4 cm
Fundort: Grube Teutonia,
Misburg, bei Hannover

Herzseeigel leben im Untergrund, und das erfolgreich! Im Gegensatz zu ihren kreisrunden Verwandten mit den »igelig« abstehenden Kalkstacheln, die auf steinigem Meeresgrund Algenrasen abweiden, haben sich die herzförmigen Seeigel darauf verlegt, langsam im schlammigen Meeresboden zu graben. Beim Wühlen fressen sie das Sediment – ähnlich wie Wattwürmer – und verdauen die für sie nutzbaren Anteile. Weil die Herzseeigel innerhalb des Schlamms keine Feinde haben und weil es beim Graben stören würde, ist ihr Stachelkleid zu einer Art kalkigem »Kurzhaarfell« reduziert, das bei den fossilen Herzseeigeln aber selten erhalten ist.

Kein anderes Fossil ist für Norddeutschland so charakteristisch wie der Herzseeigel. In den Mergelgruben östlich von Hannover kann man große Mengen davon in exzellenter Erhaltung finden. Um diese Seeigel und zahlreiche andere bedeutende Fossilien zu suchen, pilgern jedes Jahr erstaunliche Mengen von Fossiliensammlern aus ganz Deutschland, den Niederlanden, Skandinavien, Italien und anderen europäischen Ländern in die Mergelgruben Höver und Misburg. Nur an wenigen Orten sind die während der Oberkreidezeit gebildeten Schichten so fossilreich und zudem durch den kontinuierlichen Mergelabbau für Zement so gut »aufgeschlossen«, wie Geologen dazu sagen.

Biologisch sind die Fossilien der Gattung *Micraster* nahe Verwandte des *Echinocardium cordatum*, des heute zahlreich in der Nordsee lebenden »Kleinen Herzigels«.

Der Säbelzahn-Hering von Hannover

Raubfisch (*Enchodu*)
Oberkreide, Campanium,
70 Mio. Jahre
95 × 40 × 2 cm
Fundort: Hannover-Anderten, Grube HPCF II

»Säbelzahn-Hering« – der Blick auf die langen, spitzen Zähne macht den umgangssprachlichen Namen dieses fossilen Knochenfischs plausibel.
Der bis zu 1,50 Meter lange *Enchodus* lebte vor 80 Millionen Jahren und kam auch im hannoverschen Kreidemeer vor. Während dieser Zeit des Erdmittelalters traten, parallel zu den Dinosauriern an Land, in den Meeren die modernen Fische – die sogenannten *Neopterygii* – ihren bis heute dauernden Siegeszug an. Aus dem plattig-starren Schädel ihrer Vorgänger bildete sich ein System leichter knöcherner Stangen und punktuell verankerter Einzelelemente, die sich teilweise gegeneinander verschieben lassen und den Schädel vielseitig beweglich machen. Daher können viele heute lebende Fische wie Karpfen und Barsche ihr Maul vorstülpen. Allerdings findet man wegen dieser filigranen und kleinteiligen Bauweise meist nur in viele Einzelteile zerfallene Schädel von deren fossilen Vorfahren.
So auch bei unserem Exemplar, das beim Zement-Abbau östlich von Hannover gefunden wurde. Trotz der auseinandergefallenen Schädelknochen sind bei ihm der große Kopf und die spitzen Zähne gut zu erkennen. Und obwohl *Enchodus* vom Aussehen her oft mit Viper- oder Anglerfischen verglichen wird, gleicht er eher einem heutigen Barrakuda.
Unser »Säbelzahn-Hering« war ein gefährlicher Raubfisch, landete aber dennoch immer wieder einmal im Bauch von größeren Fischen oder von riesigen Schwimmsauriern, wie fossile Mageninhalte belegen.

Ein Gast wird sesshaft

Dem großen weißen Vogel stände inzwischen die silberne Kurkarte Helgolands zu: Seit 1991 brütet der Basstölpel regelmäßig auf Deutschlands kleiner roten Insel. Hier gibt es viel fetten Fisch und eine steife Brise – ideal für den drei bis vier Kilogramm schweren Vogel. Denn weil seine Flugmuskulatur für dieses Gewicht vergleichsweise schwach ausgebildet ist, benötigt er zum Starten ordentlich Wind unter den Schwingen.
Einmal in der Luft, ist der Tölpel ein hervorragender Gleitflieger. Richtig rasant wird es, wenn er im pfeilschnellen Sturzflug seine Nahrung erbeutet: Mit über 100 Kilometern pro Stunde saust er ins Wasser und kommt dank des Schwungs und einiger Flügelschläge bis zu 15 Meter tief. Ab und an fischt er zwar auch im flachen Wasser nach Sand-Aalen, meist hat er aber jede Menge Hunger auf Schellfisch, Makrele oder Hering.
Basstölpel ziehen ihre Jungtiere von April bis Oktober groß. Jedes Paar hat ein einziges Kind, das in einer Wiege aus Tang, Seegras und oft skurrilen Fundstücken erwachsen wird. Die Jungvögel fliegen dann in südliche Gefilde, an die Küsten von Westafrika oder ans Mittelmeer. Während sie vor allem bei ihrer ersten Wanderung beträchtliche Strecken zurücklegen, zieht es die Eltern nicht so weit fort, manche bleiben auch im Winter in der Kolonie.
Warum sie Basstölpel heißen? Nicht wegen ihrer rauen und krächzigen Stimme, da ist kein Bass im Tonspektrum. Der »Bass-Rock«, ein mächtiger Fels vor der schottischen Küste, ist namensgebend. Seit dem 12. Jahrhundert brüten die Tiere dort an den Klippen, im Jahr über 40 000 Brutpaare!
Auf Helgolands »Langer Anna« – der roten Felsformation, auf der die Tölpel brüten – sind es noch nicht so viele. Aber aus den knapp 80 »Bassaner Gänsen« im Jahr 1991 sind heute über 1200 geworden. Das ist schon eine steiler Aufstieg!

Basstölpel (*Morus bassanus*)
Präparat
Kopf-Rumpf-Länge:
80–110 cm
Lebensraum:
Meeresküsten

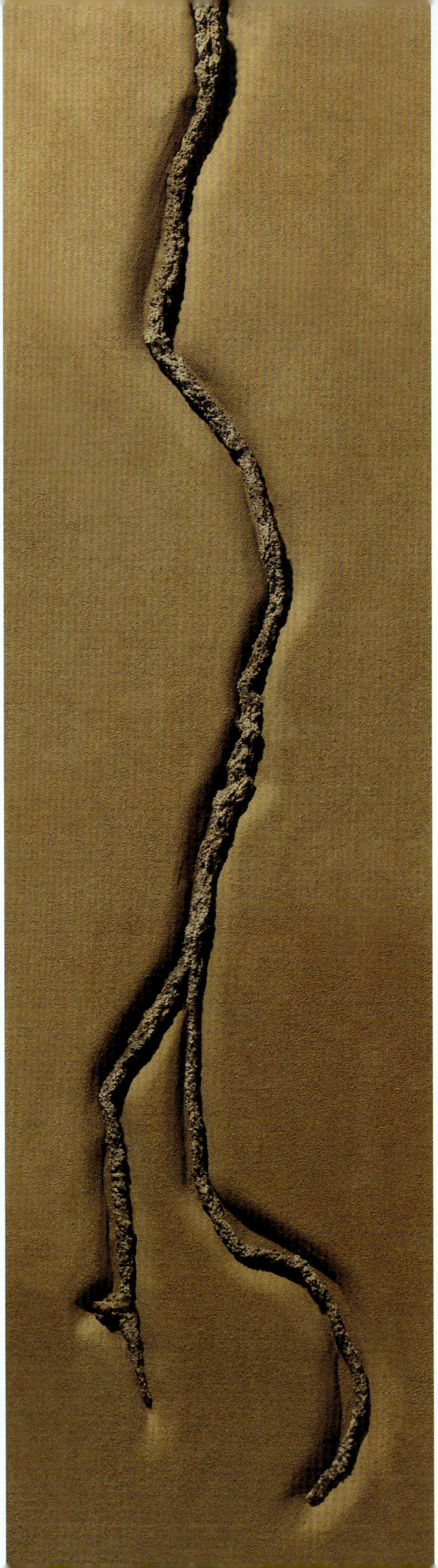

Ein versteinerter Blitz
(*Fulgurit*)
Pleistozäne Sande der letzten Eiszeiten; genauer Einschlagszeitpunkt des Blitzes unbekannt
210 × 40 × 10 cm
Fundort: Lüneburger Heide (Drawehn?)

Hochofen im Heidesand

Versteinern können Blitze natürlich nicht, aber die faszinierend gut erhaltene Blitzröhre des Landesmuseums Hannover zeichnet einen Blitzverlauf zumindest nach.
Im Grunde handelt es sich beim Material der Blitzröhren um eine Art Glas. Für die künstliche Herstellung unseres heutigen Nutzglases wird Quarzsand mit Kalk und Natron vermengt und bei hohen Temperaturen von bis zu 1500 °C erhitzt, was eine elastische, zähe und formbare Masse ergibt. Vollkommen flüssig ist die Substanz jedoch nicht, was unter anderem am sehr hohen Schmelzpunkt vom Quarz bei über 1700 °C liegt.
Der lockere Sandboden der Lüneburger Heide besteht zum größten Teil aus Quarzkörnchen und nur sehr wenigen anderen Mineralien. Trifft hier ein natürlicher Blitz mit atmosphärischen Ursprungstemperaturen von manchmal über 20 000 °C auf, werden diese glasartig miteinander verbacken (versintert). Dies geschieht um den Blitz herum, sodass sich eine charakteristische, wenn auch unregelmäßige »Röhre« bildet, an deren Hohlraum auch Fragmente dieser Blitzröhren im Gelände verlässlich zu erkennen sind.
Das beim natürlichen Blitzeinschlag auf Quarzsand entstehende Material wird Fulgurit genannt und entspricht einem reinen Quarzglas – eben ohne Soda und Kalk –, wie es heutzutage beispielsweise zur Herstellung von Hochtemperatur-Schmelztiegeln fürs Labor verwendet wird. In solchen Tiegeln, die also aus dem gleichen Material wie die Blitzröhren bestehen, kann man Edelmetalle wie Platin schmelzen.

Vom falschen Nerz vertrieben

Europäischer Nerz
(*Mustela lutreola*)
Amerikanischer Mink
(*Neovison vison*)
Präparate,
Kopf-Rumpf-Länge Mink: 30–45 cm
Kopf-Rumpf-Länge Nerz: 28–40 cm
Lebensraum: Bruchwälder,
Sümpfe, Fluss- und Seeufer

Sensation am Steinhuder Meer – die Nerze sind zurück! Dank der beherzten Initiative des Vereins EuroNerz aus Osnabrück ziehen die kleinen Marder langsam wieder in Europa ein: am Steinhuder Meer und im Saarland, zudem gibt es diverse Zoo-Zuchtstationen im In- und Ausland. Noch vor kurzer Zeit kamen die Tiere in Europa, der Heimat des Nerzes, nur noch an ganz wenigen Orten vor. Der Nerz galt fast als ausgestorben.
Ausgestorben aufgrund der vielen Nerzmäntel, die lange in Mode waren, mag man denken. Ja, aber nur indirekt. Denn der Nerzmantel von Oma ist gar kein »Nerz«-Mantel, sondern ein »Mink«-Mantel. Minks (Foto oben) sind die amerikanischen Verwandten vom Nerz (Foto unten). Diese wurden und werden auch in Europa als Pelztier gehalten. Doch so mancher Mink entkam der Massenhaltung. Und da Minks etwas größer als Nerze sind, beide Arten aber das Gleiche fressen, hatte der nordamerikanische Verwandte bei der Beutesuche einen Vorteil – und der Nerz das Nachsehen. Zudem wurden dessen Lebensräume, die kleinen, bewaldeten Fluss- und Seeufer, von den Menschen immer stärker zerstört.
Den letzten Nerz sichtete man in Deutschland 1925, hier im niedersächsischen Allertal. Knapp hundert Jahre später, seit 2010, sind sie zurück. Ein Auswilderungsprojekt am Steinhuder Meer läuft sehr erfolgreich, die ersten Nerzbabys sind »draußen« geboren.
Eine Sensation!

Die Fächerpalme in der Fischschüssel

Einst stand die Palme am Strand einer azurblauen Lagune, wohl inmitten anderer tropischer Pflanzen, im Wasser tummelten sich bunte Fische. Es wirkte alles wie an einer Küste im Indopazifik.

Gefunden wurde dieses wunderbare Fossil einer Fächerpalme aber in Norditalien am Monte Bolca, zusammen mit einer schier unglaublichen Vielzahl von versteinerten Korallenfisch-Arten, wie sie heute im Indischen Ozean vorkommen. Fossilen Farbresten zufolge waren diese Fische anscheinend ebenso bunt wie heutige Vertreter. In der Nähe von Verona muss sich einst eine lauschige Meeresbucht erstreckt haben, das bestätigen auch Analysen des Kalksteins.

Schon seit dem 17. Jahrhundert ist die Lokalität Monte Bolca für ihre Fossilien bekannt. Wegen ihres Reichtums an fossilen Fischen erhielt die Fundstelle den italienischen Spitznamen »Pescaria« – Fischschüssel! Die hier entdeckten vollständigen Pflanzen und die »farbigen« Fische waren besonders im 19. Jahrhundert gesuchte Museumsstücke.

Unsere auf den ersten Blick unscheinbare Palme ist zwar 45 Millionen Jahre alt, aber in ihrem riesigen, harten Kalksteinblock vollständig konserviert. Kieselsäure-Einlagerungen stabilisieren ihre filigran gefächerten Blätter, weswegen sie so perfekt erhalten sind.

Palmen gehören zu den frühen Blütenpflanzen – sie entstanden schon im Verlauf der Kreidezeit vor etwa 80 Millionen Jahren. Da sie als Gruppe so alt sind, konnten sie sich in größerer Vielfalt als manch andere Pflanzengruppe entwickeln.

Fächerpalme
(***Latanites chiavonica***)
Mittleres Eozän, Lutetium,
ca. 45 Mio. Jahre
Höhe: ca. 280 cm
Fundort: Monte Bolca
bei Verona, Italien

Lavandula canariensis Mill.
Familie: Lamiaceae (Lippenblütler)
Dt. Name: -
leg. (Natur): Krause (2010), La Palma
leg. (Kultur): B.O. Schlumpberger (19.05.2014),
Hannover (Berggarten, 2010-G-15)

Lieblicher Lavendel

Herbarbogen mit Lavendel
(***Lavandula canariensis Mill.***)
Wuchshöhe: bis 150 cm
Lebensraum: Küstenregionen der Kanarischen Inseln

Lilafarbene Felder, soweit das Auge reicht, in der Nase ein betörender Duft. Denkt man an Lavendel, stellt man sich die Provence in Frankreich vor. Doch dieser hier wächst auf den Kanarischen Inseln. Wegen ihrer einsamen Lage mitten im Atlantischen Ozean finden sich auf den Kanaren über 500 Tier- und Pflanzenarten, die es nirgendwo anders gibt – darunter auch vier Lavendelarten. Das farbenfrohe und feinwürzige Kraut wird dort auch als »Hierba de risco« bezeichnet. Dies bedeutet »Gras am steilen Felsen«. Und in der Tat, kanarischer *Lavendula* liebt es spröde und schroff; er wächst in den oft extrem wasserarmen und felsigen Küstenregionen der Inseln. Eine Anpassung an diese trockene und windige Umgebung ist seine für Lavendel untypische Blattform: Die Blätter sind nicht lanzettlich, sondern gefiedert. Für die Gruppe der 30 bis 40 Lavendelarten, die in ganz Europa und Vorderasien vorkommen, ist hingegen eine dichte Behaarung von Stengel und Blättern typisch.
Um Pflanzen zu dokumentieren, genauer bestimmen und vor allem vergleichen zu können, legt man seit Jahrhunderten Herbarien an. In diesen werden die getrockneten und gepressten Pflanzen auf ein Papier montiert und aufbewahrt. Es gibt berühmte Herbarien, die Sammlungen von mehreren Millionen Belegen besitzen. Unser Lavendel wurde 2014 für die neu gestaltete Ausstellung im Landesmuseum gepresst.

Nicht nur am Nil

Krokodile gibt es seit über 220 Millionen Jahren, also bereits seit den Zeiten der Dinosaurier! Die heutigen »echten« Krokodile kommen in Afrika und Asien vor, haben also eine altweltliche Verbreitung. Dennoch gibt es einige Arten auch in der Neuen Welt, wo sie neben den dort eigentlich typischen Kaimanen und Alligatoren von Mittelamerika bis Südamerika anzutreffen sind. Hierzu gehört auch das Kuba-Krokodil.
Krokodile sind als stark gefährdete Reptilien im Anhang 1 des Washingtoner Artenschutzabkommens aufgeführt, sodass der Handel mit ihnen immens reglementiert bis unmöglich ist. Aber sie gelten als gefährlich und werden deshalb vor Ort oft getötet oder in Zoos gebracht. Die meisten heute in freier Wildbahn lebenden Krokodilarten erreichen deshalb wahrscheinlich auch nicht mehr ihre maximale Größe. Berichte aus dem 19. Jahrhundert schildern Begegnungen mit bis zu fünf Meter langen Kuba-Krokodilen. Unser Kuba-Krokodil ist nur knapp drei Meter lang geworden, gilt aber dennoch als ausgewachsen.
Typisch für echte Krokodile ist – im Gegensatz zu den Kaimanen und Alligatoren – ein großer, eckzahnartiger Unterkieferzahn, der den Oberkiefer von unten her überragt. Überhaupt sind die Zähne der Krokodile charakteristisch: Meist handelt es sich um robuste Kegel mit breiter Basis, vorderer und hinterer Schneidekante und einem System von feinen Längsriefen, die ähnlich einem Wellblech zur Stabilisierung beitragen. Dieses biomechanische Prinzip ist uralt und lässt sich auch für ausgestorbene Riesen-Meereskrokodile erkennen, die einst im Oberjura-Meer von Hannover schwammen, wie der fossile *Machimosaurus*-Zahn beweist.

Kuba-Krokodil
(***Crocodylus rhombifer***)
Präparat, Länge: 265 cm
Zahn eines ausgestorbenen Meereskrokodils (*Machimosaurus* sp.)
Oberjura, 155 Mio. Jahre
Länge Fossil: ca. 7 cm

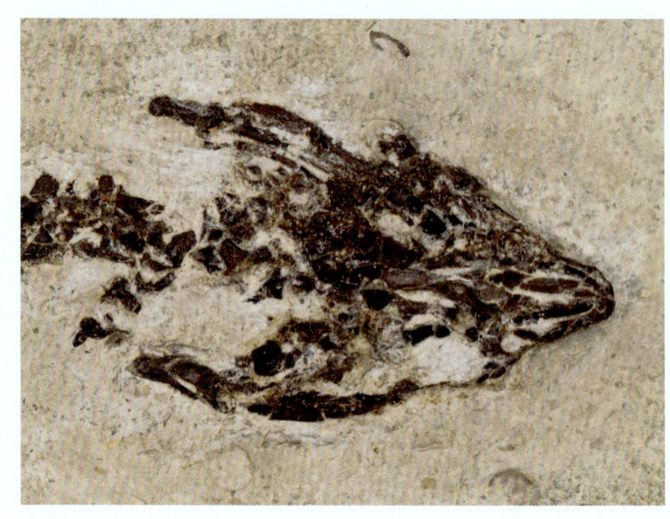

Fossile Brückenechse
(***Kallimodon pulchellus***)
Oberjura, Kimmeridgium,
155 Mio. Jahre
Länge: 31,9 cm
Fundort: Ahlem
bei Hannover

Der Oldtimer unter den Echsen

Ein heller Strand vor 155 Millionen Jahren, dort, wo heute das hannoversche Ahlem liegt: Eine etwa 30 Zentimeter lange, schon betagte Urzeitechse schiebt sich ins tropisch warme Meereswasser zwischen den Fleckenriffen, um schwimmend kleine Fischchen zu erbeuten. Es wird ihre letzte Jagd – sie stirbt, und ihr Körper sinkt vollständig in den weichen Lagunenboden, der zu einem Kalkstein verhärten wird.

Im 19. Jahrhundert wird dieser Kalkstein in einem Ahlemer Steinbruch abgebaut. Ein von der Paläontologie begeisterter Landwirtschaftsassessor, Carl E. F. Struckmann, sucht dort nach Fossilien und entdeckt das versteinerte Skelett der kleinen Echse. Er stellt ganz richtig fest, dass es sich nicht um eine moderne Eidechse handelt, sondern um das Fossil einer Brückenechse.

Brückenechsen gibt es heute immer noch, allerdings leben nur noch zwei Arten auf einigen vorgelagerten Inseln Neuseelands. Diese »lebenden Fossilien« sind die letzten Nachfahren ihrer fast 155 Millionen Jahre alten Verwandten und auch unserer paläo-hannoverschen Echse. Vor Ort werden sie wegen ihres Rückenkamms »Tuatara«, »Stachelträger«, genannt. Sie haben viele altertümliche Merkmale, zum Beispiel ein drittes »Scheitelauge« zur Tageslichtwahrnehmung.

Brückenechsen können sehr alt werden. Erst mit über 20 Jahren werden sie geschlechtsreif, und ein Alter von mindestens 80 ist verbürgt, von 100 Jahren wahrscheinlich. Wie alt war wohl unsere kleine Ahlem-Echse, als sie starb?

Schillernde Verkleidungskünstler

Schmetterlingsmuster von Edelfaltern (*Nymphalidae*)
Callicore astarte
Bananenfalter (*Caligo* sp.)
Präparate, *Callicore:* 5 × 3,5 cm,
Caligo: 12 × 10 cm
Lebensraum: Mittel- und Südamerika

Mit bis zu 13 Zentimetern Flügelspannweite ist der Bananenfalter ein Riese unter den Schmetterlingen. Doch seine Größe schützt ihn nicht vor hungrigen Vogelschnäbeln. Er hat zur Abwehr von Fressfeinden einen cleveren Trick auf Lager, den die Biologen Mimikry nennen: Er tut so, als wäre er gefährlich. Auf seiner Unterseite erkennt man deutlich ein großes Auge. Diese Imitation gilt als beste in der Falterwelt, selbst der Glanz der Iris ist mit einem weißen »Streifen« nachgemacht. Ein Räuber, der im Blätterdach den leckeren Schmetterling entdeckt, schreckt sicherlich zurück, wenn dieser sich beim Zusammenklappen der Flügel plötzlich als nicht identifizierbares Riesentier mit großen Augen entpuppt.
Auch der Numberwing (oder Eightyeight genannt) hat ein schickes Muster auf der Unterseite. Er kann zwar nicht mit großen Augen aufwarten, dafür ähnelt die kontrastreiche Zeichnung der Zahl Acht, daher der englische Name. Auch eine solche starke Musterung schützt offenbar vor dem Gefressenwerden.
Beide Falter sind Mitglied der gleichen Falterfamilie, der Edelfalter. Diese große Schmetterlingsgruppe zählt über 6000 Arten. Bei uns in Deutschland gehören zum Beispiel das Tagpfauenauge, der Kleine Fuchs oder der Admiral dazu. Zu erkennen sind Edelfalter daran, dass eines ihrer Beinpaare stark verkürzt ist. Die Falter sitzen auf den beiden hinteren Paaren, das vordere wird ausschließlich zum Putzen genutzt und heißt dementsprechend »Putzpfote«.
Ob nun mit oder ohne Auge auf dem Flügel – die tropischen Schmetterlinge Südamerikas sind in jedem Fall eine Augenweide.

Fettschwalm
(***Steatornis caripensis***)
Präparat
Kopf-Rumpf-Länge:
40–49 cm
Lebensraum:
Höhlen in Venezuela

Humboldts Höhlenvogel

Seinen wenig schmeichelhaften Namen trägt der Vogel nur halb zu Recht: Lediglich die Jungvögel setzen – noch als Nestlinge – ausgeprägte Fettzonen rund um die Hüfte und die Beine an.
Sein »Figurproblem« liegt, wie sollte es anders sein, an der Ernährung. Vögel, die nachtaktiv sind, jagen in der Regel andere Tiere: Ziegenmelker fangen Insekten, Eulen andere Wirbeltiere, zum Beispiel Mäuse. Der Fettschwalm ist nachtaktiv – aber Vegetarier. Seine Nahrung besteht aus fetthaltigen Ölpalmen-Früchten, was bei den damit gefütterten Küken zur oben geschilderten intensiven Fetteinlagerung führt. Deswegen wurden sie in historischen Zeiten zuerst von den Indianern, später den Missionaren gejagt, da aus diesem Fett ein glasklares, schmackhaftes und vor allem auch bei tropischen Temperaturen lange haltbares Öl gewonnen werden konnte. Daher der Name »Fettvogel« – oder im Deutschen in Anlehnung an die mit den Ziegenmelkern verwandten sogenannten Schwalme: »Fettschwalm«.
Entdeckt wurde der Höhlenbewohner von keinem Geringeren als Alexander von Humboldt. Dieser beschrieb 1899 auch dessen markante Lautgabe. Die Vögel müssen sich in vollständiger Dunkelheit orientieren und miteinander kommunizieren, tun dies aber nicht wie Fledermäuse mit extrem hohen, sondern mit niedrigen Schallfrequenzen. Ihre Schreie sind dadurch für Menschen hörbar und haben auch Humboldt bei seiner großen Südamerika-Expedition 1799 sehr beeindruckt: »Schwer macht man sich einen Begriff von dem furchtbaren Lärm, den Tausende Vögel im dunklen Innern der Höhle machen.«

Schlüpfriges im Busch

Aguti (*Dasyprocta* sp.)
Präparat
Kopf-Rumpf-Länge: 42–62 cm
Lebensraum: tropische Regenwälder Mittel-und Südamerikas

Buschschlüpfer – nein, mit Damenwäsche hat der Name nichts zu tun, obwohl es doch um Körperformen geht. Denn die Wissenschaftler bezeichnen damit Tiere, die hochbeinig und hüftschmal sind und so flink durch dichten Busch »schlüpfen« können – sei es auf der Flucht, sei es auf der Jagd. So manche Waldkatze zählt dazu, kleine Hirsche wie der Muntjak, zarte afrikanische Antilopen und eben auch das Aguti, ein Nagetier. Ein Nagetier? Ja, Agutis gehören zu diesen, auch wenn sie eher wie kleine Hirsche aussehen: schmaler Kopf, hoher Rücken, braungoldenes raues Fell, sogar die Krallen an den hinteren Extremitäten sind hufartig umgebaut.

Und was für Nager sie sind! Agutis könnten auch »Freunde der Bäume« heißen. Sie sind versessen auf Nüsse und Früchte, und mit ihren meißelartigen Nagezähnen bezwingen sie nicht nur saftiges Obst, sondern sogar die harten Schalen der Paranüsse. Nun ist auch im Regenwald das eine oder andere Nahrungsmittel Saisonware, Bäume und Sträucher fruchten auch im ewig Warmen meist nur zu bestimmten Zeiten. Einen Vorrat anzulegen ist daher eine clevere Idee. Agutis können mit ihren krallenbesetzen Vorderextremitäten sehr gut graben und verscharren die von einer Mahlzeit übriggebliebenen Samen. Nicht alles wird wiedergefunden – und so übernimmt das Aguti in Mittel- und Südamerika die Aufgabe der Samenverbreitung, ähnlich wie Eichelhäher und Eichhörnchen hier in Europa. Die Pflanzen freut es, denn gerade die jungen Triebe der großen Bäume hätten in direkter Nähe zur alles überschattenden Mutterpflanze nie eine Chance, selbst groß zu werden. Und das Aguti profitiert ebenfalls, denn so manches Depot enthält auch nach Monaten noch leckere Paranüsse!

Reizender Schmuck

Um bei den Weibchen zu punkten, setzt sich der Quetzal ordentlich in Szene: Einen atemberaubenden Meter lang werden die smaragdgrünen Federn seiner Oberschwanzdecke. Während der Fortpflanzungszeit wachsen sie dem männlichen Vogel jedes Jahr aufs Neue: wunderschön, metallisch und glänzend. Der Trick wirkt offenbar. Und auch bei den Menschen waren die Federn als Schmuck begehrt, allerdings zu anderen, repräsentativen Zwecken. Maya und Azteken zupften die begehrten Objekte den lebenden Tieren vorsichtig aus, um damit die Federkrone hochrangiger Würdenträger auszustatten. Diese Federn zu tragen war nur wenigen Personen erlaubt, zumal der Quetzal in einigen Kulturen als Gott verehrt wurde. Wer ein solches Tier tötete, der wurde selbst mit dem Tode bestraft!

Der Quetzal ist aber auch ein Symbol für den Kampf der alten Kulturen Mittelamerikas – der Maya, Azteken und Quiché – gegen die Eroberung durch die Spanier. Die rote Farbe des Brustgefieders männlicher Quetzale soll der Legende nach vom Blut der Freiheitskämpfer oder vom letzten König der Quiché, Tecun Uman, stammen. So verkörpert der Vogel nicht nur die Freiheit zwischen Himmel und Erde, sondern auch den Freiheitskampf.

Heute ist der schöne Vogel in Mittelamerika oft auf Flaggen und Wimpeln zu finden und ziert Guatemalas Staatswappen. Dort trägt man ihn sogar in der Geldbörse, denn in Guatemala wird nicht mit Dollar oder Peso bezahlt, sondern mit Quetzal.

Quetzal
(***Pharomachrus mocinno***)
Präparat
Kopf-Rumpf-Länge:
35–38 cm
Lebensraum: Tropische
Wälder Südamerikas

Carolina-Sittich
(***Conuropsis carolinensis***)
Präparat
Kopf-Rumpf-Länge:
30–33 cm
Lebensraum: Galeriewälder

Der Tod im Kornfeld

Alles ist ruhig, plötzlich liegt ein Kreischen und Krächzen in der Luft und Hunderte von bunten Papageien fliegen über das Haus. Diese Szene hat sich nicht etwa in Südamerika abgespielt – nein, es gab bis in die 1920er Jahre eine wirklich bunte Papageienart in Nordamerika: den Carolina-Sittich. Mehrere Millionen dieser Tiere mit ihren grünen Körpern und gelb-orangen Köpfchen flogen einst zwischen New York und Florida. Am liebsten bewohnten sie die Wälder rund um die Flussniederungen, ein sicheres und nahrungsreiches Revier für den Körnerfresser. Doch mit der Ausbreitung der menschlichen Siedlungen wurden die Wälder abgeholzt und es wurde immer mehr Fläche landwirtschaftlich genutzt. Beides war das Todesurteil für den smarten Papagei. Denn zum einen wurde sein ursprünglicher Lebensraum zerstört. Zum anderen fand er zwar in den Obstplantagen und auf den Feldern plötzlich phantastische Nahrungsquellen, wurde damit aber zum Feind der Landwirte, als »Schädling« bejagt – und die Bestände sanken innerhalb kurzer Zeit rapide. Einige Tiere kamen in zoologische Gärten, doch aufgrund ihrer kreischenden, lauten Stimme waren Carolina-Sittiche bei den meisten Vogelzüchtern nicht sehr beliebt. Am 21. Februar 1918 starb im Zoo von Cincinnati der letzte lebende Carolina-Sittich – er hörte auf den Namen »Incas«.

Vogels Vorfahren

Troodontidenfährte mit Modell eines Troodontiden
Untere Kreide, Berriasium,
140 Mio. Jahre
Länge Stein: 187 cm
Länge Modell: ca. 215 cm

Ein Dino mit Federn? Die Troodontiden sehen in den Rekonstruktionen nicht nur aus wie kleine Laufvögel, sie waren auch eng verwandt mit dem *Archaeopteryx*, dem berühmten Urvogel. In der Evolution vom Dinosaurier zum Vogel stehen die Dinobirds, wie sie auch genannt werden, etwa in der Mitte.

Lange Zeit galt China als die »Wiege der Vögel«, da dort Skelette von solchen landlebenden, vogelartigen Raubdinosauriern gefunden wurden. Aber seit 2008 die fossilen Fußabdrücke eines Troodontiden in einem Steinbruch bei Obernkirchen zutage kamen, ist klar, dass auch auf dem Gebiet des heutigen Niedersachsen solche Dinosaurier lebten.

Eigentlich sollte man in den hiesigen Gesteinsschichten nicht viele Erkenntnisse darüber vermuten: Hier erstreckte sich während fast der gesamten Dinosaurierzeit ein Meer, daher dominieren bei den Funden Meeresfossilien. Es gab aber vor etwa 140 Millionen Jahren ein kurzes Zeitfenster, in dem sich das Meer zurückzog und große Landflächen mit ausgedehnten Wäldern am Rande riesiger See- und Flusslandschaften existierten. Dort lebte eine Vielzahl von Dinosauriern – große Pflanzenfresser, große und mittelgroße Fleischfresser und natürlich auch kleinere Dinosaurier. Alle hinterließen sie beim Durchwandern der Lagunen und der Flussdeltas Spuren im Sandschlamm, von denen sehr viele später versteinerten.

Neben den dreizehigen fossilen Fußabdrücken der »normalen« Raubdinosaurier fanden sich zweizehige Trittsiegel. Diese können nur zu den Troodontiden gehören, denn selbige trugen die inneren der drei Zehen beim Laufen nach oben geklappt und heißen deshalb auch »Sichelklauendinosaurier«. Solche Spuren hat man sonst nirgendwo auf der Welt gefunden. Durch Vergleiche mit Funden aus China, wo es aber offenbar nur hühnergroße Arten gab, lassen sich diese unsere Dinobirds modellhaft rekonstruieren – trotz der Befiederung sind es stattliche Dinos und keine Vögel!

Rufe, Gift und Elternzeit

Baumsteigerfrösche (*Dendrobatidae*)
Blauer Baumsteiger (*Dendrobates azureus*), Färberfrosch (*Dendrobates tinctorius*), Dreistreifen Baumsteiger (*Epipedobates tricolor*), Gestreifter Blattsteiger (*Phyllobates vittatus*)
Kopf-Rumpf-Länge: 2–4,5 cm
Lebensraum: Regenwälder Mittel- und Südamerikas

Keine Angst! Auch wenn sie oft als »Pfeilgiftfrösche« bezeichnet werden, sind die Baumsteigerfrösche in unserem Terrarium nicht giftig.

Zwar gibt es in ihrer Verwandtschaft drei ziemlich gefährliche Gesellen, darunter den »Schrecklichen Pfeilgiftfrosch«, dessen Gift auch für den Menschen tödlich ist. Aber zur Herstellung des Cocktails benötigen die Tiere bestimmte Nahrung. Heute vermutet man, dass eine Milbenart die chemischen Grundstoffe dazu liefert. Wenn man die Frösche in Gefangenschaft damit nicht füttert, verlieren sie ihre Giftigkeit.

Auch wenn sie nicht die giftigsten Bewohner des Vivariums sind – die kleinsten, lautesten und fortpflanzungsfreudigsten sind die Baumsteigerfrösche allemal. Berühmt ist ihre aufwendige Brutpflege. Erst wird ein sicherer Ort für die Eier gesucht, meist die Blattunterseite einer Pflanze, oft einer Bromelie. Doch dort können die schlüpfenden Kaulquappen nicht überleben, sie sind als Kiementräger an Wasser gebunden. Also schleppen Papa oder Mama die Kinder in ein Bassin: eine regenwassergefüllte Blattachse oder Blüte. Der nächste Transport steht an, wenn aus den Quappen dort kleine Fröschchen geworden sind, dann werden sie auf dem elterlichen Rücken hinunter auf den Boden getragen. Nun – mit Lungen ausgestattet – können sie sich frei in der Welt des südamerikanischen Dschungels bewegen.

Zu verstecken brauchen sie sich dabei nicht, allgemein ist im Tierreich bekannt, dass sich unter den bunten Baumsteigerfröschen so manch unverdauliches Exemplar befindet. Da kann man als geselliger Frosch unbefangen in das Rufkonzert der anderen mit einstimmen. Und das ist auch in unserem Museum eindrucksvoll zu hören!

Positiv-Negativ-Fährte
(je ein flacher Abdruck eines Raubdinsoauriers und ein tiefer Abdruck eines pflanzenfressenden Dinosauriers)
Untere Kreide, Berriasium, 140 Mio. Jahre
je ca. 150 × 80 × 12 cm
Fundort: Münchehagen

Das steinerne Buch

Aufgeblättert wie zwei Seiten aus dem Buch der Erdgeschichte zeigen die beiden Sandsteinschichten aus dem Steinbruch in Münchehagen zwei unterschiedliche Dinosaurierfußabdrücke. Die eine Seite zeigt zwei vertiefte Originalfährten auf der Schichtoberfläche, die andere die gewölbte Ausfüllung beider in der ursprünglich darauffolgenden Schicht, über die die Dinosaurier einst liefen. Diese obere Schicht muss also geringfügig jünger sein, und wir blicken auf ihre Unterseite. Solche gewölbten Ausfüllungen der etwa 140 Millionen Jahre alten Schichten, die wir Positive nennen, sind meist erhaltungsfähiger als die eigentlichen Fährtenabdrücke, die Negative. Ein Großteil der Erstbeschreibungen von Fährten zwischen dem 19. Jahrhundert und den 1920er Jahren basiert daher auf Positiven.
Bei genauem Hinsehen kann man erkennen, dass auch beim vorliegenden Stück die untere Fährtenschicht mit den originalen Vertiefungen in viele kleine Einzelteile zerfallen war, die nach der Bergung wieder neu zusammengesetzt worden sind. Dies liegt an dessen höherem Tongehalt. Als die Dinosaurier den ursprünglichen Flussdeltaboden durchquerten, war dieser sehr schlammig; später dominierte gröberer Sand.
Im vorliegenden Fall querten ein kleiner Raubdinosaurier und ein großer, sehr schwerer Pflanzenfresser den ehemals weichen Lagunengrund in jeweils unterschiedlichen Richtungen; zuerst der kleinere und leichtere Räuber, der logischerweise einen deutlich flacheren Abdruck hinterließ, bei dem sogar noch die Krallenabdrücke an den Zehenspitzen zu erkennen sind. Später lief dort ein massiger Pflanzenfresser entlang und hinterließ ein entsprechend tiefes Trittsiegel.

Meteoritenscheibe
mit geätzter Fläche
Außenseite eines Meteoriten
1836
ca. 13 × 7,5 × 0,5 cm
ca. 10 × 9,5 × 1,5 cm

Ein Stückchen Himmel

»Vom Himmel gefallene Steine« wurden bereits in prähistorischen Gräbern und Tempeln als heilige Objekte aufbewahrt, obwohl der tatsächliche, der kosmische Ursprung von Meteoriten erst 1794 von dem Physiker Ernst Florens Chladni erkannt wurde.

Riesige Mengen Gestein fielen 1836 im südwestlichen Afrika vom Himmel. Von den größeren Brocken aus diesem berühmten Gibeon-Fall stammen das Stück mit der dunklen Außenfläche und die metallisch glänzende, seltsam gemusterte Scheibe. Diese bringt, obwohl sie sehr dünn ist, über 200 Gramm auf die Waage! Das verdankt sie ihrem hohen Eisengehalt. Aus der Fundstelle Gibeon ist sogar ein 200 Kilogramm schwerer Meteorit bekannt, und es liegen weitere Stücke vor, die bis zu 7 Tonnen wiegen. Von reinen Stein-Meteoriten kennt man nur bis zu 50 Kilogramm schwere Stücke. Meteorite, die weniger als 10 Kilogramm wiegen, verglühen meist vollständig beim Durchtritt in die Lufthülle der Erde.

Ob sie nun aus Stein, aus Eisen oder aus einer Mischung von beiden bestehen, alle Meteoriten sind Reste kleinerer Himmelskörper. Sie entstammen wahrscheinlich dem Asteroiden-Gürtel zwischen Mars und Jupiter.

Ätzt man frisch gesägte Flächen von Eisen-Meteoriten mit verdünnter Salpetersäure an, so treten eigenartige Muster zutage, deutlich erkennbare Grenzlinien vieler ineinander geschachtelter Dreiecke. Diese nach ihrem Entdecker benannten Widmannstätten'schen Figuren sind die Kristalle des »Balkeneisens«, einer speziellen Erscheinungsform von elementarem Eisen in diesen Himmelskörpern.

Fast sehen diese Muster aus wie Botschaften aus einer anderen Welt.

DIE GEISTESWELT DER
NEANDERTALER

44 Geschichten aus den

menschen welten

Von Afrika in die Welt

Frühmenschengruppe in der Olduvai-Schlucht, Ostafrika
1960–1970
Diorama von Fritz Laube
130 × 135 × 130 cm

Ein Tag vor etwa 2,4 Millionen Jahren in Afrika: gleißendes Licht, sengende Hitze, trockenes Grasland, kaum Baumbestand – ein wahrlich unwirtlicher Lebensraum, in dem sich unsere Vorfahren behaupten mussten. Behaupten konnten sie sich dank einer Fähigkeit, die sie von den anderen Bewohnern des Tales unterscheidet: Sie benutzten Steine und Äste als Werkzeuge. Unsere Urahnen dieser Zeit waren die frühesten Werkzeugmacher und werden *homo habilis*, »geschickter Mensch« genannt.
Der Landschaftsmaler Fritz Laube fing diese Szenerie stimmungsvoll ein und hielt sie in seinem unverwechselbaren Stil fest. In liebevoller Detailtreue und gleichzeitig mit wissenschaftlicher Exaktheit modellierte er die kleinen Menschenfiguren. Gleichzeitig erzeugt der nahtlose Übergang von der naturnah gestalteten Landschaft in einen gemalten, halbkreisförmigen Hintergrund eine nahezu perfekte Illusion von räumlicher Tiefe und Wirklichkeit. Laube schuf das Diorama zwischen 1960 und 1970; für die Präsentation in den »MenschenWelten« wurde es aufwendig restauriert. Zu sehen sind im Hintergrund die Vulkanberge des ostafrikanischen Grabenbruchs, der auf einer Länge von fast 6000 Kilometern Ostafrika durchzieht. Das in dem Diorama dargestellte Tal ist heute als Olduvai-Schlucht in Tansania bekannt. Als berühmte Fundstätte menschlicher Artefakte und als »Wiege der Menschheit« ist diese zum Weltkulturerbe der UNESCO ernannt worden.

Holzlanze
Mittlere Altsteinzeit,
ca. 125 000 Jahre vor heute
Länge: 238,5 cm
Fundort: Lehringen
(Ldkr. Verden a. d. Aller)
Leihgabe Domherrenhaus
Verden a. d. Aller

Elefantenjäger an der Aller

Vor 125 000 Jahren, in einem Sommer während der letzten Warmzeit: Inmitten von Eichenmischwäldern schnitzen Jäger aus Eibenstämmchen Lanzen, die den Tod bringen sollen. Sorgfältig werden alle abstehenden Zweige entfernt, die Spitzen durch Brennen vorgeformt und anschließend geglättet. Wie man die Dickhäuter jagt, die dreimal so groß sind wie sie selbst, wissen die Menschen – Verwandte jenseits des Stromes haben schon Elefanten getötet. Nun verendet wieder ein Elefant, von einer Lanze getroffen sackt er in einem See zusammen und begräbt die tödliche Waffe unter sich. Die Jäger schlagen Messer aus mitgebrachten Feuersteinknollen, schneiden damit Fleischstreifen heraus und tragen sie zum Lager am Ufer. Die Lanze unter dem Elefanten bleibt mit den Messern zurück. Nun fressen sich auch Hyänen an dem Kadaver satt. Schnell verwesen Haut und Fleischreste. Hätte die Lanze nicht unter der Wasseroberfläche gelegen, wäre auch sie vergangen.
1948: Beim Abbau des als Dünger geschätzten Kalkmergels kommen große Knochen zutage. Engagierte Heimatforscher bergen sie, und als sie zwischen den Rippen eine Holzlanze freilegen, wird klar, dass ein wahrer Jahrhundertfund gelungen ist. Bis heute ist er weltweit der einzige Nachweis, dass Neandertaler in der Lage waren, Dickhäuter anzugreifen und zu töten und nicht nur als Aas zu verwerten.
1988: In einem Braunkohletagebau bei Gröbern stößt man erneut auf das Skelett eines Europäischen Waldelefanten, wieder mit Feuersteinmessern, aber diesmal ohne Lanze.
Nun ist sicher, dass die Elefantenjagd bei Verden keine Ausnahme war.

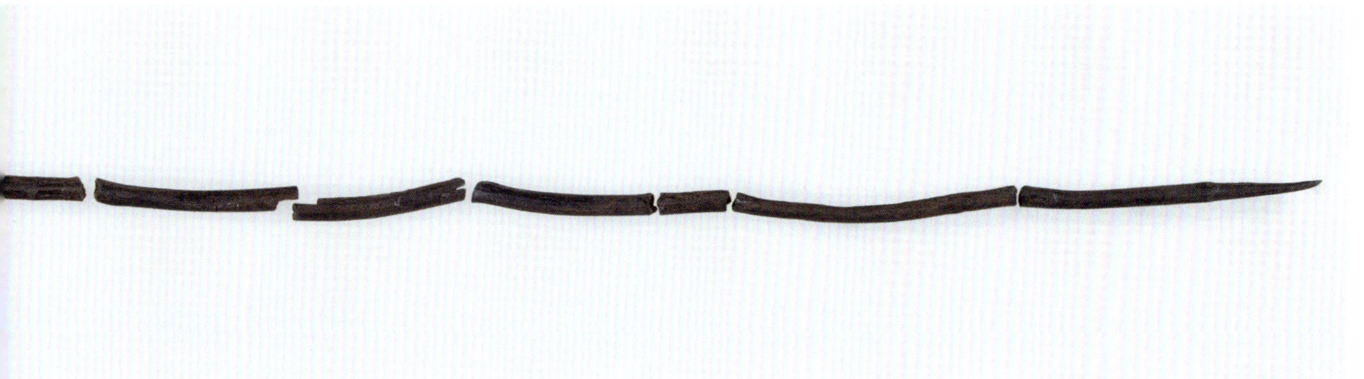

Kernstein aus rotem Helgoländer Feuerstein
Jüngere Altsteinzeit,
ca. 13 000 bis 14 500 Jahre vor heute
6,6 × 2,7 × 2,5 cm
Fundort: Damme (Ldkr. Diepholz)

Netzwerke der Eiszeitjäger

Langsam verschwimmt der weiße Berg mit dem Horizont der Küstenebene, die Jägerfamilie bewegt sich beladen mit Zelt, Proviant, Waffen, Gerät auf die Mittagssonne zu. Mit dabei hat sie den Blutstein vom Ahnenberg. Wenn sie nach zwei, drei Tagesmärschen ihre Verwandten in den Sommerjagdgründen im Hochland trifft, wird mehrere Tage und Nächte gefeiert und erzählt werden. Dann geben sie auch den Blutstein und mit ihm den darin wohnenden Geist der Ahnen von Hand zu Hand weiter: Messerklinge für Messerklinge wird abgeschlagen und weitergeschenkt, wie es Brauch ist. So können die Ahnen in allen Jagdgründen leben und die Verwandten schützen. Einige Männer werden später mit Frauen der anderen Gruppen weiterziehen.

Den auffällig roten Feuerstein in diesem Szenario gibt es wirklich. Er wurde auf einem Lagerplatz von Steinzeitjägern am Dümmer gefunden, dem zweitgrößten Binnensee Niedersachsens. Er ist das Reststück eines sorgfältig präparierten Kernsteins, von dem schon mehrere Dutzend scharfer Messerklingen abgeschlagen worden sind, erkennbar an den gemuschelten Negativen. Anders als der graue Feuerstein am Dümmer, der für die übrigen dort gefundenen Werkzeuge verwendet wurde, steht der rote nur auf der Insel Helgoland, etwa 200 Kilometer entfernt, an. Diese war in der Eiszeit ein weithin sichtbarer weißer Kalkfelsen, den man trockenen Fußes erreichen konnte: Weil während der letzten Eiszeit viel Wasser in den Gletschern gebunden war, lag der Meeresspiegel über 100 Meter tiefer als heutzutage.

Der rote Kernstein muss folglich über weite Entfernungen transportiert worden sein. Vielleicht haben ihn die Jäger von Damme selbst mitgebracht. Aber auch ein Austausch von Gruppe zu Gruppe ist denkbar. Lagerplätze, auf denen sich mehrere Gruppen aufgehalten haben, zeigen, dass die verstreut jagenden Gruppen in regelmäßigem Kontakt standen.

Die Mutter der Elche

Elchkuh aus Bernstein
Späte Altsteinzeit,
ca. 14 000 Jahre vor heute
ca. 6 × 9 × 1,6 cm
Fundort: Weitsche
(Ldkr. Lüchow-Dannenberg)

Bernstein – gibt es den nicht nur an der Ostsee? Nein, Gletscher der Eiszeit haben ihn vor etwa 250 000 Jahren weit ins Binnenland verfrachtet.
Was ist das für ein seltsames Tier, das erinnert irgendwie an einen Hummer? – Nein, da fehlen doch nur die Vorderbeine. Wenn man die ergänzt, ist die Elchkuh vollständig. Und wie kommt die hierher? Vielleicht hat es sich so zugetragen:
Mehrere Familien von Elch- und Biberjägern treffen im Spätsommer in den Jagd- und Fischgründen am breiten Strom ein. Sie bauen die Zelte des Vorjahres wieder auf. In der Umgebung werden Steine aufgelesen, die wie die Sonne leuchten und sogar brennen können. Besondere, von einem Geist beseelte Steine. Figuren werden aus ihnen geschnitten, der Geist in ihnen erweckt. Kleidung und Taschen werden mit ihnen geschmückt. Mit Vorräten an Fisch, Fleisch und Vogelbälgen brechen die Menschen in ihre Winterreviere auf. Nur die »Mutter der Elche« bleibt als Hüterin der Jagdgründe an der Feuerstelle zurück.
Während der nächsten 1 000 Jahre überfluten Hochwässer immer wieder die Talaue, Lehmschichten breiten sich schützend über den verlassenen Lagerplätzen aus. 13 000 Jahre später, in den 1950er Jahren, wird der Fluss kanalisiert, Überschwemmungen gehören der Vergangenheit an. Ein Bauer führt den Pflug hinter seinem Pferd und befördert Torfe und Lehme schollenweise an die Oberfläche. Hart trifft die Pflugschar die »Mutter der Elche« und zersplittert sie.
1987 entdeckt ein Amateurarchäologe die hochgepflügten Steinwerkzeuge der steinzeitlichen Lagerplätze, beim systematischen Erfassen der Fundstelle taucht 1994 das Bernsteinfragment einer Tierfigur auf. Das jahrelange Aussieben von 700 Quadratmetern Ackerboden wird 2004 belohnt: Aus fast 50 Splittern lässt sich wieder eine Elchkuh aus Bernstein zusammensetzen. Die Lagerplatzreste können auf ein Alter von 14 000 Jahren datiert werden. Damit lassen sich erstmals auch ähnliche, aber isoliert gefundene Bernsteintiere aus Polen und Dänemark zeitlich einordnen.
Die naturnahe Kunst an der Schwelle zwischen Eiszeit und heutiger Warmzeit war für uns bisher nicht fassbar – die Tierfiguren füllen diese Lücke nun. Welche Geschichten aber erzählt uns die »Mutter der Elche«?

Frauenkörper oder Zeichen?

Die geheimnisvollen tiefen Linien sorgten für Aufsehen. Denn selbst eine so schlichte Darstellung gehört zu den absoluten Seltenheiten aus der beginnenden Warmzeit in Mitteleuropa, und über die Bildsprache der Waldjägerkultur vor etwa 11000 Jahren ist uns fast nichts bekannt. Kaum war 2012 die flache Steinplatte auf einem Lagerplatz früher Waldjäger geborgen, gab es schon eine Deutung: die älteste Frau Niedersachsens!
Gewisse Ähnlichkeiten mit Frauenfiguren dieser Zeit bestehen durchaus. Die Symmetrie der Darstellung steht außer Frage. Nur: Waren die rautenförmig angeordneten tiefen Rillen und der Punkt wirklich figürlich gemeint: Bein, Hüfte, Schamspalte und Nabel? Nicht alle Betrachter, Fachleute wie Laien, erkennen darin die Gestalt einer Frau. Es gibt in der Eiszeitkunst auf Hüften und Bauch reduzierte frontale Frauenbilder im Halbrelief oder auch graviert. Sie sind in der Regel wohlgerundet, sodass sie eindeutig als solche erkennbar sind, allerdings mehr als tausend Jahre älter als der Fund von Bierden.
Aber was ist mit unserer Platte? Deutlich lässt sich erkennen, dass der Stein später noch zum Schleifen und für andere Arbeiten diente, bevor er schließlich in der Hitze einer Feuerstelle zerbrach. Genauere Untersuchungen konnten zeigen, dass die Linien nicht natürlich entstanden, sondern absichtlich eingeschnitten worden sind. Die Härte des verwendeten Quarzitgesteins, die nur gerade, aber keine gebogenen Linien einzutiefen erlaubte, könnte die mangelnde Figürlichkeit erklären.
Immerhin ist mindestens eine etwas ältere Frauendarstellung bekannt, von der das rautenähnliche Zeichen abgeleitet werden könnte. Daher bleibt die Deutung als »Frauenzeichen« derzeit die wahrscheinlichste.

Steinplatte mit Gravierung
Frühe Mittelsteinzeit, Quarzit,
ca. 9000 v. Chr.
7,5 × 4,6 × 1,5 cm
Fundort: Bierden
(Ldkr. Rotenburg/Wümme)

Vorboten einer Zeitenwende

Dechselklinge
Ältere Mittelsteinzeit,
Aktinolith-Hornblendeschiefer,
ca. 6200 v. Chr.
Länge: 21,1 cm
Fundort: Schletau
(Ldkr. Lüchow-Dannenberg)

In der Böschung der Sandgrube, knapp einen Meter unter dem Waldboden, zeichnete sich eine Lage zahlreicher Abschläge und Pfeileinsätze aus Flint, von Holzkohlepartikeln und verkohlten Haselnussschalen ab: die üblichen Hinterlassenschaften von Waldjägern, die im Dünengelände nahe der Elbeniederung vor über 8000 Jahren ihr Lager aufgeschlagen hatten. Mitten in der Profilwand ragte aus dem bröselnden Sand ein eigenartiger länglicher Stein heraus. Der Amateurarchäologe, der bei diesem Fund seinen Augen nicht traute, zeichnete ihn in seinen Plan ein und zog ihn vorsichtig heraus. Kaum zu glauben – es war die geschliffene Klinge eines Querbeils, einer Dechsel. Solche formschönen Steingeräte hatten die etwas später aus dem Süden einwandernden Steinzeitbauern im Gepäck, als sie vor 7500 Jahren das südliche Niedersachsen erreichten. Anders als die einheimischen, aus Feuerstein geschlagenen Beile ist diese fremdartige Dechsel in einer genormten, streng symmetrischen Form zurecht geschliffen. Ihre raue verwitterte Oberfläche lässt kaum die Schönheit des einst polierten grünlichen Steins mit den dunklen Schlieren erahnen. Diese besondere Schieferart kommt in Böhmen und auf dem Balkan vor, in der norddeutschen Tiefebene ist sie unbekannt.
Wie aber konnten die Waldjäger hier schon ein halbes Jahrtausend vor Ankunft der ersten Bauern in den Besitz der Dechsel gelangen? Wahrscheinlich gab es so früh schon Tauschkontakte zwischen den Jägergruppen nördlich der Alpen und den Agrargesellschaften Südosteuropas. In Holzschäfte eingelassen, dienten die Dechseln diesen Steinzeitbauern nicht nur zur Holzbearbeitung, sie waren auch gefürchtete Waffen. Die seltsamen glatten Steine müssen für die Waldjäger sehr attraktiv gewesen sein und Prestigewert gehabt haben. Das deuten auch die ungewöhnlichen Fundumstände einer zweiten im Norden gefundenen, ähnlich früh datierten Dechselklinge an: In einem Grab bei Merseburg wurde sie vor 8000 Jahren einer »Schamanin« mit weiteren magischen Utensilien ins Jenseits mitgegeben.

Prähistorische Schweinebären?

Ist hier eine Fledermaus zu sehen? Oder ein Schwein? Weder die Ohren noch das Maul sind so konkret gebildet, dass sich die Tierart sicher erkennen ließe. Und das, was wir als längere Vorder- und kürzere Hinterbeine zu erkennen glauben, sind wohl nur die Ansätze, mit denen der Tierkörper als Griff oder Verzierung schräg auf Rand und Bauch eines Tongefäßes befestigt war.

Vermutlich hatte der Töpfer gar nicht die Absicht, ein wiedererkennbares Tier zu formen, sondern ein imaginäres, vielleicht ein Mischwesen. Auch die menschenähnlichen Darstellungen dieser frühbäuerlichen Kultur zeigen keine wirklichen Menschenkörper.

Das rätselhafte Tier aus gebranntem Ton wurde in der Abfallgrube einer frühbäuerlichen Siedlung ausgegraben. Derartige Figuren werden sehr selten gefunden. Sie sind fast nie vollständig und oft an der dicksten Stelle zerbrochen. Daher wird vermutet, dass sie absichtlich, vielleicht aus spirituellen Gründen zerbrochen, unbrauchbar gemacht oder gar »getötet« wurden. Sie dienten sicherlich auch nicht als Spielzeug – dagegen spricht neben dem absichtlichen Zerbrechen der Umstand, dass sie nie als Beigabe in Kindergräbern auftreten.

Auf den noch weichen Tierkörper wurden vor dem Brennen abstrakte Linienmuster graviert, ähnlich den Bandmustern, mit denen die Töpfer auch ihre Tongefäße verzierten. Die Bedeutung dieser Zeichen ist nicht bekannt, aber sie stellen die unverwechselbare »Handschrift« der bandkeramischen Kultur dar. Deren Vertreter lebten vor 7 500 Jahren im Süden des heutigen Niedersachsen. Sie züchteten Haustiere und bauten Getreide und Gemüse an.

Im Norden lebten dagegen Menschen, die Tiere jagten und fischten. Gegensätzlicher konnten die Lebensweisen kaum sein, was nicht ohne Folgen für die jeweiligen Tierdarstellungen blieb: Die Jäger, Fischer und Sammler fertigten kleine, gut erkennbare Tierskulpturen aus Bernstein und verwendeten sie als Amulette. In Skandinavien haben sie naturnahe Felsbilder unter anderem von Elchen und Bären hinterlassen.

Für uns wirft die so unterschiedliche Art, Tiere darzustellen, ein Schlaglicht auf die Vorstellungswelten zweier völlig verschiedener Wirtschaftsformen.

Tierfigur
Ältere Jungsteinzeit,
ca. 5 000 v. Chr.,
gebrannter Ton
ca. 13,1 × 2,9 cm,
Höhe der Beine vorn: max. 9,3 cm,
hinten: max. 4,9 cm
Fundort: aus einer Siedlung
in Hardegsen-Hevensen
(Ldkr. Northeim)
Dauerleihgabe Stadt Hardegsen

Ton statt Metall

Henkeltasse
Mittlere Jungsteinzeit,
ca. 3200 v. Chr.
gebrannter Ton
15,8 × 10,7 × 7,1 cm
Fundort: Oldendorf
(Ldkr. Lüneburg)

Als die bäuerliche Sippe ihren Toten diese elegante Tontasse mit ins Grab stellte, erhielten die Herrscher einer bronzezeitlichen Kultur im fernen Anatolien ganz ähnliche, aber aus wertvollem Gold, Silber und Bronze getriebene Gefäße mit ins Grab. Spezialisierte Metallhandwerker stellten für sie das Ritualgeschirr aus Gold, Silber und Bronze her, das bei Trankopfern verwendet wurde.

Solche Metalltassen und -schalen wurden in der Kultur der Steinzeitbauern nie gefunden, was wenig verwunderlich ist. Denn derartige Prestigegüter waren äußerst selten und sie wurden, wenn nicht vorher eingeschmolzen, in der Regel als Opfergabe vergraben. Solche Opferfunde sind zwar archäologisch nur schwer nachzuweisen, dennoch müssen sie bekannt gewesen sein. Denn die flache Schale mit Henkel scheint ein solches Metallgefäß zu imitieren. Die elegante Tasse ist von Hand äußerst dünnwandig geformt und fein mit eingestochenen Dreiecken verziert. Besonders auffällig ist, dass der hochgezogene Henkel am Schalenrand festgenietet zu sein scheint. Tatsächlich ist am Henkeleinsatz wie bei einem Metallgefäß ein Nietkopf mit Einstichen dargestellt. Sogar die Blechstreifen beidseits des Henkelansatzes sind wiedergegeben. Die scharfe Profilierung der Tasse und die an eine Fingerkuppe erinnernde Eindellung des Rundbodens, ein sogenannter Omphalos, verstärken den Eindruck eines getriebenen Metallgefäßes.

Vor 5500 Jahren bildeten die Häuser der Toten, steinerne Grabkammern unter gewaltigen Hügeln, eine regelrechte Rituallandschaft. Tongefäße zählten zu den üblichen Beigaben, die den Verstorbenen mitgegeben oder bei Gelagen zurückgelassen wurden. Auch unsere Tontasse stand mit mehreren Gefäßen in einer solchen Grabkammer. Unser Stück aber sticht als Fremdkörper unter den übrigen Gefäßen hervor. Es ist der einzige Fund, der uns einen indirekten Hinweis darauf gibt, dass die Metallgefäße der frühen metallverarbeitenden Kulturen auch im Norden des Kontinents bekannt waren.

Kr. Hann. Münden

Kupferaxt
Späte Jungsteinzeit,
ca. 2500 v. Chr.
Kupfer
Länge: 22,4 cm
Fundort: Bühren
(Ldkr. Göttingen)

Keine Waffe

Die Oberfläche des geheimnisvollen Materials schimmerte wie rötliches Gold – was für ein Prunkstück!

Wahrscheinlich war die Kupferaxt als wertvolles Prestigeobjekt von Gemeinschaft zu Gemeinschaft weitergegeben worden und gelangte so nach Niedersachsen. Sie stammt wohl aus Südosteuropa. Dort – am Schwarzen Meer und auf dem Balkan – hatten sich vor etwa 7000 Jahren metallverarbeitende Gesellschaften herausgebildet. In diesen Innovationszentren wurde Kupfer auch schon unter Tage abgebaut. Das geheimnisvolle Material gelangte als seltenes Tauschgut nach Mitteleuropa, wo man weiter in den bäuerlichen Gesellschaften der Steinzeit lebte, aber im Austausch mit den frühen städtischen Zentren im Südosten des Kontinents stand. Die Einflüsse, die von dort ausgingen, veränderten die steinzeitlichen Gesellschaften.

Da nur ein fingerdünner Holzstiel in das Schaftloch passte, war unsere Axt als Arbeitsgerät oder Waffe ungeeignet. Sie diente vielmehr einer Führungselite als Herrschaftszeichen und bezeugt indirekt eine Hierarchisierung der bäuerlichen Gesellschaft. Zwar wurden derartige Axtformen hundertfach in Stein kopiert und Männern als Waffe, als »Streitaxt«, mit ins Grab gegeben – sie drücken den sozialen Status des Bestatteten als Krieger aus. Kupferäxte aber waren kostbar und einer Elite vorbehalten. Auf hundert steinerne Streitäxte entfällt weniger als eine Kupferaxt. Sie wurden bisher nie in Gräbern, sondern stets einzeln niedergelegt gefunden. Anscheinend spielten sie bei besonderen religiösen Zeremonien eine Rolle und gelangten als Opfergaben in den Boden.

Heute erfordert es etwas Phantasie, sich das 1970 zufällig in einem Lesesteinhaufen entdeckte Stück mit seiner korrodierten und grün patinierten Oberfläche als ein Machtsymbol vorzustellen, ähnlich dem Schwert im Mittelalter.

Sonnenstrahlen aus dem Moor

Sie hat einen Feingehalt von fast 100 Prozent! Die blattdünne Goldscheibe leuchtet nicht nur wie die Sonne, sie ist auch ein Abbild des Gestirns. Ringe von Zacken und Strahlen wechseln einander ab – kunstvoll in die weiche Goldfolie ziseliert. Diese muss auf einem nachgiebigen Untergrund fixiert gewesen sein, da Ornamente die Folie leicht durchstoßen hätten. Vielleicht diente sie einem Priester als Schmuck, vielleicht leuchtete sie auch als Gestirn auf einem Sonnenwagen. Die Moordorfer Goldscheibe gilt als besonders anschauliches Sinnbild der Sonnenverehrung während der Bronzezeit. Nach Gebrauch kam sie vielleicht als Opfer oder Grabbeigabe in den Boden, das legen ihr anhaftende Spuren nahe: Das Gewicht der Erdschichten drückte sie platt und Sandkörner prägten sich in die Goldfolie.
Um 1910 beförderte sie der Moorbauer Vitus Dirks beim Ausschachten eines Grabens ans Tageslicht. Sein Sohn fand sie im Aushub – aber dass es sich um Gold handeln könnte, überstieg offenbar das Vorstellungsvermögen der wenig gebildeten Dorfbewohner. So wurde die Goldscheibe mit anderen Kuriositäten in der guten Stube aufbewahrt. In den Notzeiten der folgenden Kriegsjahre kaufte ein Altmetallhändler sie »für drei Reichsmark« an und verkaufte sie an einen Trödler in Aurich weiter, bis sie – für 450 Reichsmark – nach weiteren Zwischenstationen 1926 in das Landesmuseum Hannover kam.
Erst durch einen Zeitungsaufruf erfuhr Vitus Dirks, dass er einen wahren Schatz gefunden hatte. Unterstützt vom Dorfpastor erzählte er von der Entdeckung der Scheibe und wurde im bettelarmen Moordorf zur Legende.
Allerdings gibt die außergewöhnliche Reinheit des Goldes noch Rätsel auf, da es in der Natur fast nicht vorkommt. Manche glauben daher, dass dieses Gold erst um 1910 hergestellt worden ist. Experimente zeigen jedoch, dass so reines Gold auch mit bronzezeitlichen Mitteln geläutert werden kann. Vor allem aber lassen sich die Spuren auf der Scheibe nur erklären, wenn sie in der Bronzezeit hergestellt, benutzt und im Boden vergraben worden ist.

Goldscheibe von Moordorf
Frühe bis Ältere Bronzezeit,
ca. 1800–1500 v. Chr.
Gold 24 K
Durchmesser ohne Laschen:
ca. 14,5 cm,
Dicke: <200 Mikrometer
Fundort: Moordorf
(Ldkr. Aurich)

Götterbild oder Zeremonie?

Da hat doch jemand nachgeholfen! Als 1908 die Steinplatte mit den seltsamen Figuren ins Landesmuseum nach Hannover kam, waren frische Pickspuren und weißer Steinstaub festgestellt worden. Aber was ist bronzezeitlich und was modern hinzugefügt? Original sind beispielsweise die unter einem bräunlichen Belag erhaltenen Beine der linken Figur. Reste des Belags in den frischen Flächen zeigen, dass dieser ursprünglich alle Silhouetten bedeckte. Wer und aus welchen Gründen auch immer – er oder sie hat sich bei der Nacharbeitung an die bronzezeitlichen Konturen der Köpfe und Körper gehalten.

Für das Felsbild war vor etwa 3 500 Jahren aus einem Findling aus Gneis eine Platte gespalten und sorgfältig zu einer bogenförmigen symmetrischen Stele behauen worden. Die drei Figuren darauf heben sich deutlich von dem bewusst schwarz gefärbten Stein ab. Die linke wendet sich mit angewinkelten Beinen dem Betrachter zu und hebt wie anbetend die Arme. Die mittlere schaut nach rechts und hält mit beiden Armen vielleicht eine Axt hoch über dem Kopf. Die dritte, mit einem Gewand bekleidete Figur reicht anscheinend mit beiden Armen etwas nach rechts. Die drei wurden als personifizierte Götter gedeutet, aber dagegen spricht die anbetende Haltung. Götter beten nicht. Vielleicht handelt es sich eher um eine Bestattungszeremonie mit Opferhandlungen?

Für diese Deutung spricht die Fundsituation: Die Platte bildete den Abschluss einer tonnenschweren Grabkammer, die beim Abbau eines gewaltigen Bestattungshügels zum Vorschein gekommen war. Die Waffen- und Schmuckbeigaben, der Hügel und die Grabkammer zeichnen den einst darin Bestatteten als hochrangigen Krieger der herrschenden Elite aus, gleichrangig mit seinem Nachbarn, der in einer noch reicher bebilderten Grabkammer in Südschweden bestattet worden ist.

Die originale Anderlinger Grabkammer ist heute auf der Rasenfläche rechts außerhalb des Landesmuseums aufgebaut. Der Stein mit den einzigartigen Silhouetten wird im Museum aufbewahrt und gilt als das südlichste Felsbild skandinavischer Prägung.

Bildstein aus der Grabkammer von Anderlingen
Bronzezeit, ca. 1500 v. Chr.
Gneis
115 × 75 × 50 cm
Fundort: bei Anderlingen
(Ldkr. Rotenburg/Wümme)

Von Knossos und Mykene nach Niedersachsen

Gegossene Bronzetasse
Bronzezeit, ca. 1450 v. Chr.
Bronze
Höhe: 5,7 cm,
Duchmesser: 12,4–12,6 cm
Fundort: Dohnsen (Ldkr. Celle)

Der zehnjährige Dieter Meister stieß 1955 in der Umgebung seines Heimatortes zufällig auf diese Tasse. Bei einem Museumsbesuch mit seiner Schulklasse zog er den Fund aus der Tasche: »Ist das was?«
Ein Archäologe erkannte dessen unschätzbaren kulturgeschichtlichen Wert – aber sofort stellten sich auch Gerüchte über eine angebliche Einschleppung durch ehemalige Wehrmachtsangehörige oder britische Soldaten ein, die während ihrer Stationierung in Griechenland in den Besitz der Tasse gelangt seien. Denn der Technik, Form und Verzierung nach ist sie identisch mit Metallerzeugnissen aus dem ägäischen Raum. Die Gerüchte erwiesen sich als haltlos, zumal der Erhaltungszustand der Metalloberfläche niedersächsischen Bronzefunden entspricht.
Aber wie kam die Tasse hierher? Sie ähnelt Goldgefäßen aus den von Heinrich Schliemann entdeckten mykenischen Schachtgräbern, besonders aber einer Bronzetasse von der zum kretischen Einflussgebiet gehörenden Insel Thera. Der Bedarf an Trinkgeschirr aus kretischen Werkstätten – Becher, Tassen und Kannen aus Gold, Silber und Bronze – war unter den Herrschern dieser alten Palastkulturen groß. Ähnlich begehrt werden die wertvollen Gefäße auch bei der Führungsschicht benachbarter Gemeinschaften gewesen sein, und so gelangten sie wohl gelegentlich als »diplomatische« Geschenke in den Norden.
Zwar gibt es manche indirekte Hinweise auf Kontakte zwischen den bronzezeitlichen Gesellschaften Mitteleuropas und den Palastkulturen von Kreta und Mykene vor 3 500 Jahren, originale Erzeugnisse dieser Kulturen aber wurden bis heute nördlich der Alpen nur sehr selten entdeckt. Die Bronzetasse aus der Lüneburger Heide mit dem schönen stilisierten Blattzweig-Muster unter dem Rand ist der bedeutendste dieser Funde. Vielleicht war sie hier einst ein Geschenk für die Götter, wie so viele einheimische Bronzeerzeugnisse dieser Epoche, die in Mooren, Flüssen, Seen und auf dem Land den Göttern geopfert wurden.

Goldene Bronzezeit

Archäologische Grabungen in Deutschland sind heute meist Notgrabungen. Sie gehen Baumaßnahmen voraus, wenn neue Häuser oder Straßen entstehen sollen. Eine besondere Aufgabe stellte sich 2010 dem Niedersächsischen Landesdenkmalamt mit dem Bau der Nordeuropäischen Erdgasleitung, deren Trasse das Bundesland praktisch ganz durchschnitten hat. Mit rund 200 Kilometern Länge war diese Ausgrabung das größte Projekt, das jemals in Niedersachsen durchgeführt wurde.

Etwa 150 Siedlungs- und Bestattungsplätze aus 10 000 Jahren wurden dabei entdeckt, eine Sensation aber erwartete die Archäologen ganz im Westen im Landkreis Diepholz, wo sie einen goldenen Hort fanden. In der Umgebung gab es keine weiteren bronzezeitlichen Spuren, sodass unklar bleibt, warum der Schatz hier vergraben wurde. Diente er als Depot eines Händlers, oder war der Schatz einer Gottheit geweiht?

Mit 117 Objekten gehört der Fund zu den größten Goldhorten in Mitteleuropa. Er war ursprünglich in Leinen gewickelt, das von Bronzenadeln zusammengehalten wurde, der Stoff ist jedoch nicht erhalten geblieben. Neben einer Gewandspange und einem massiven Armreif befanden sich hauptsächlich Spiralen unterschiedlicher Größe und Gestaltung in dem Leinenbeutel. Viele von ihnen sind in Ketten ineinander gedreht.

Offenbar stand bei dem Schatz der Materialwert im Vordergrund. Zwar zeigt die Gewandspange mehrere künstlerische Verzierungen, darunter runde, mit Strahlen versehene Buckel, die als Sonnensymbole gedeutet werden können. Aber sie war durch das Entfernen der Nadel unbrauchbar geworden. Bei dem Armreif handelt es sich um ein Halbfabrikat, und von den Spiralen, die den größten Anteil des Hortes ausmachen, scheinen einige nie benutzt worden zu sein.

Der Goldanteil des Schatzes liegt bei rund 90 Prozent, das ist sehr hoch und macht ihn besonders wertvoll. Vielleicht kam es bei den Stücken also vor allem auf den Tauschwert an – dann hätten wir hier eine Vorform unserer Münzen vor uns.

Hortfund von Gessel
Mittlere Bronzezeit,
1350–1300 v. Chr.
Gesamtgewicht: 1,7 kg
Fundort: Syke
(Gemarkung Gessel)

Eine Frau von Klasse

Gegossene Bronzebecken
Späte Bronzezeit,
ca. 750 v. Chr.
Bronze
Höhe: 18,7 cm,
Durchmesser: 31,6 cm
Fundort: Winzlar
(Region Hannover)

Zunächst nahmen sich die Funde bescheiden aus, bei Bauarbeiten fielen nur Scherben von Tongefäßen und einige Metallteile auf. Erst während der archäologischen Nachforschungen wurden eine äußerst seltene verzierte Nadel aus purem Gold und die wertvollste Beigabe entdeckt: ein hauchdünn gegossenes Bronzebecken, das mit Leichenbrand gefüllt war. Eine Sensation! Denn in den Tausenden gleichförmigen, in weiten Teilen Europas üblichen Brandbestattungen dieser Zeit finden sich zwar Bronzenadeln und Urnen aus Ton, aber fast nie derart wertvolle Gegenstände.

Besonders aufregend ist das halbrunde Bronzegefäß mit dem zylindrischen Hals und dem breiten Siebrand. Solche Gefäße wurden in den Schmieden bei Herrschaftssitzen hergestellt. Zunächst wurde das Becken aus Wachs geformt und mit Ton ummantelt, anschließend nach Ausschmelzen des Wachses mit flüssiger Bronze ausgegossen, und schließlich wurden die mäanderartigen und wellenförmigen Ornamente in die Oberfläche punziert. Einzigartig ist an unserem Stück der blaue Glasfluss, der zwischen den vielen Löchern des durchbrochenen Randes aufgeschmolzen wurde. Die Technik des Glasflusses wurde offensichtlich von den örtlichen Bronzeschmieden beherrscht.

Das Bronzebecken ist handwerklich vorzüglich gearbeitet und auch künstlerisch herausragend. Es wurde wohl bei religiösen Handlungen verwendet, ähnlich Kelch und Patene beim christlichen Abendmahl. Welche Person aber war in Winzlar so bedeutend, dass man ihr ein derart wertvolles Metallobjekt mit ins Grab gab? Man nahm zuerst an, dass der Leichenbrand von einem Mann stammt, was später korrigiert wurde: Es sind eher die Reste einer etwa 60-jährigen Frau. Und da solch erlesene Grabbeigaben nur sozial hochgestellten Menschen mitgegeben wurden, muss es sich um eine sehr mächtige Frau gehandelt haben, möglicherweise eine Priesterin.

In der Bronzezeit werden durch Grabmonumente und Beigaben erstmals Persönlichkeiten fassbar. Bekannt sind etwa der Krieger aus der Steinkammer von Anderlingen oder der riesige Grabhügel des »König Hinz« von Seddin in Mecklenburg. Die »Machtfrau« von Winzlar könnte ihm ebenbürtig gewesen sein.

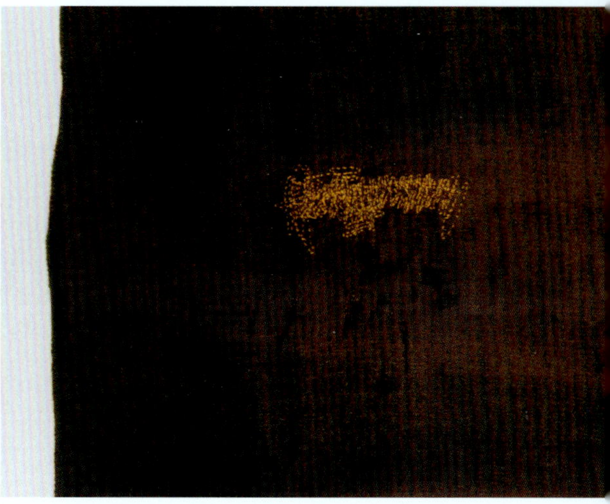

Manteltuch
Römische Kaiserzeit,
1.–4. Jh.
moderne Nachbildung
Wolle
252 × 160/176 cm
Fundort: Hunteburg

Wärmende Wertanlage

Textilien aus der Römischen Kaiserzeit sind große kulturhistorische Schätze. Nur sehr wenige haben die Jahrhunderte überdauert. Hierzu gehören auch einige Mäntel, Kittel und Hosen aus Wolle, die in norddeutschen Mooren gefunden wurden. Sie waren Teil der Bekleidung von Moormumien. Das Moor hat die Wollstoffe hervorragend konserviert.

Bei den Mänteln handelt es sich um große rechteckige Tücher aus schweren Wollstoffen, die zu einer Art Umhang gefaltet wurden. Sie hatten kunstvolle farbige Muster und manchmal auch Fransen oder Kordeln. Ihre Trageweise lässt sich mithilfe römischer Darstellungen rekonstruieren: Die Manteltücher wurden einmal so zusammengefaltet, dass der obere Teil etwa einen halben Meter oberhalb des Saumes des unteren Teiles zu liegen kam. Das jetzt doppelte Tuch wurde um die Schultern gelegt, eventuell noch mit einem zweiten, schmaleren Umschlag, der einen Kragen bildete. Fixiert wurde der wärmende Umhang mit einer stabilen Gewandnadel, einer Fibel, unterhalb der rechten Schulter, die alle Tuchlagen durchdrang.

Ein besonders auffälliges Exemplar war der sogenannte Mantel »B« von Hunteburg. Er hatte den im Moor deponierten Leichnam eines Mannes umhüllt. Die Farbenpracht des aus grün und blau gefärbter Wolle gearbeiteten Gewebes ist im Moor verblasst, aber eine Replik zeigt seine einstige Schönheit. Das Manteltuch hat mehrere wiederholt gestopfte Stellen, die exakt die oben beschriebene Faltung und Trageweise bestätigen. Der Stoff hat an allen Seiten eine brettchengewebte Einfassungsbordüre, die unlösbar mit dem eigentlichen Tuch verwoben ist. Die Techniken zur Herstellung solche Gewänder waren hoch entwickelt, aber von der Gewinnung der Wolle bis zum fertigen Gewand war es ein weiter Weg. Sich kleiden zu können, bedeutete damals vor allem: sehr viel Arbeit. Kleidung war wertvollster Besitz.

Kamm
Römische Kaiserzeit,
1. Jh.
Elfenbein
Breite: ca. 4 cm
Fundort: Grethem
(Ldkr. Heidekreis)

Alt und kostbar

Die junge Frau lehnt graziös auf ihrem Stuhl, das Haar ist kunstvoll frisiert, das sorgsam drapierte Gewand enthüllt ihren schönen Körper mehr, als es ihn verdeckt. Ist es eine Dame bei der Morgentoilette? Ist es die Liebesgöttin Venus, der gleich der von links kommende Amor überreichen wird, was er in seiner Hand hält?

Die Szene ziert die Griffplatte eines Kammes, der nur noch in Fragmenten erhalten ist. Dass die handwerkliche Ausführung und die künstlerische Gestaltung der Reliefschnitzerei von allerhöchster Qualität sind, lassen diese aber deutlich erkennen. Das Stück aus Elfenbein wurde vermutlich zur Zeit des Kaisers Augustus in einer renommierten italischen Werkstatt gefertigt. Auftraggeber und Abnehmer solcher Arbeiten waren Angehörige der vornehmsten Kreise der römischen Gesellschaft, darunter auch das Kaiserhaus. Elfenbein war schon damals ein überaus wertvoller Werkstoff, zur Zeit der Römischen Republik sogar Teil des Staatsschatzes.

2006 wurden bei Grethem zwei als Urnen verwendete Gefäße geborgen, von denen eines neben dem Leichenbrand einer erwachsenen Frau auch einige größere Reste von Gegenständen enthielt – darunter das Kamm-Fragment. Auch die Urnen sind Importe aus dem Römischen Reich, allerdings wesentlich jünger als der Kamm: Die Metallgefäße, sogenannte »Hemmoorer Eimer«, stammen aus Werkstätten des 2. und 3. Jahrhunderts und dienten ursprünglich als Tischgeschirr. Solche römischen Metallgefäße waren schon früher auf dem gleichen Gelände gefunden worden. Zwei von ihnen gelangten in den 1850er Jahren in die Sammlung des Hauses und gehören zu den ältesten Beständen des Museums.

Die Beigabe des Kammes zeigt, dass absolute Spitzenprodukte des römischen Kunsthandwerks ihren Weg in den Norden fanden und dort selbst als Antiquitäten begehrt waren.

Kinder, Küche, Kirche

Heiligenfibel
9./10. Jh.
moderne Nachbildung
Buntmetall mit Emaille,
Durchmesser: 2,5 cm
Fundort: Lüneburg

Welche Frau mag dieses Stück getragen haben? Solche farbig emaillierten Fibeln mit Heiligenbildern wurden benutzt, um Mäntel oder Gewänder zusammenzuhalten und wurden Christinnen – neben kleinen Schmuckkreuzen – mit ins Grab gegeben. Die Herstellung dieser »Heiligenfibeln« ist von der Mitte des 9. bis in das frühe 10. Jahrhundert nachweisbar. Sie wurden vermutlich in den zentralen Gebieten des fränkischen Reiches am Rhein, an der Mosel oder am Main angefertigt.

Im norddeutschen Raum ist ihr Verbreitungsgebiet weitgehend deckungsgleich mit den durch die Franken missionierten Landstrichen. Die religiöse Vorstellungswelt der hier lebenden Menschen hat am Ende des 8. Jahrhunderts einen tiefgreifenden Wandel erfahren. In seinen berüchtigten »Sachsenkriegen« hat der fränkische König Karl der Große sie nicht nur zur Anerkennung seiner Herrschaft gezwungen, sondern auch zur Annahme des christlichen Glaubens – und damit zur Aufgabe ihrer eigenen jahrhundertealten religiösen Traditionen und Praktiken. Hierzu sollen angeblich Menschenopfer gehört haben, allerlei Zukunftsorakel, Zauberei und Hexerei, sogar Kannibalismus. Ob dies wirklich der Fall war, wissen wir nicht, aber zumindest wird all dies in einer Verordnung Karls des Großen behauptet und verboten, und zwar unter Androhung der Todesstrafe. Darunter fielen auch die traditionellen mit der Totenfürsorge einhergehenden Gebräuche und Rituale, vor allem die Einäscherung der Verstorbenen. Diese drakonischen Maßnahmen zielten vor allem auf die Zerschlagung des gesellschaftlichen Gefüges der Unterworfenen. Aber auch wenn der christliche Glaube den Menschen gewaltsam aufgedrängt wurde: Frauen hat er vollkommen neue Lebensperspektiven eröffnet, jenseits der Pflicht zur Ehe und Mutterschaft. Zumindest Angehörigen der Oberschicht konnte ein Leben als Nonne Zugang zu Bildung, Kontemplation und Macht verschaffen – ein Akt der Emanzipation.

Zeugnisse der Volksfrömmigkeit, zu der auch die »Heiligenfibeln« gehören, sind vor allem aus dieser Welt der Frauen überliefert.

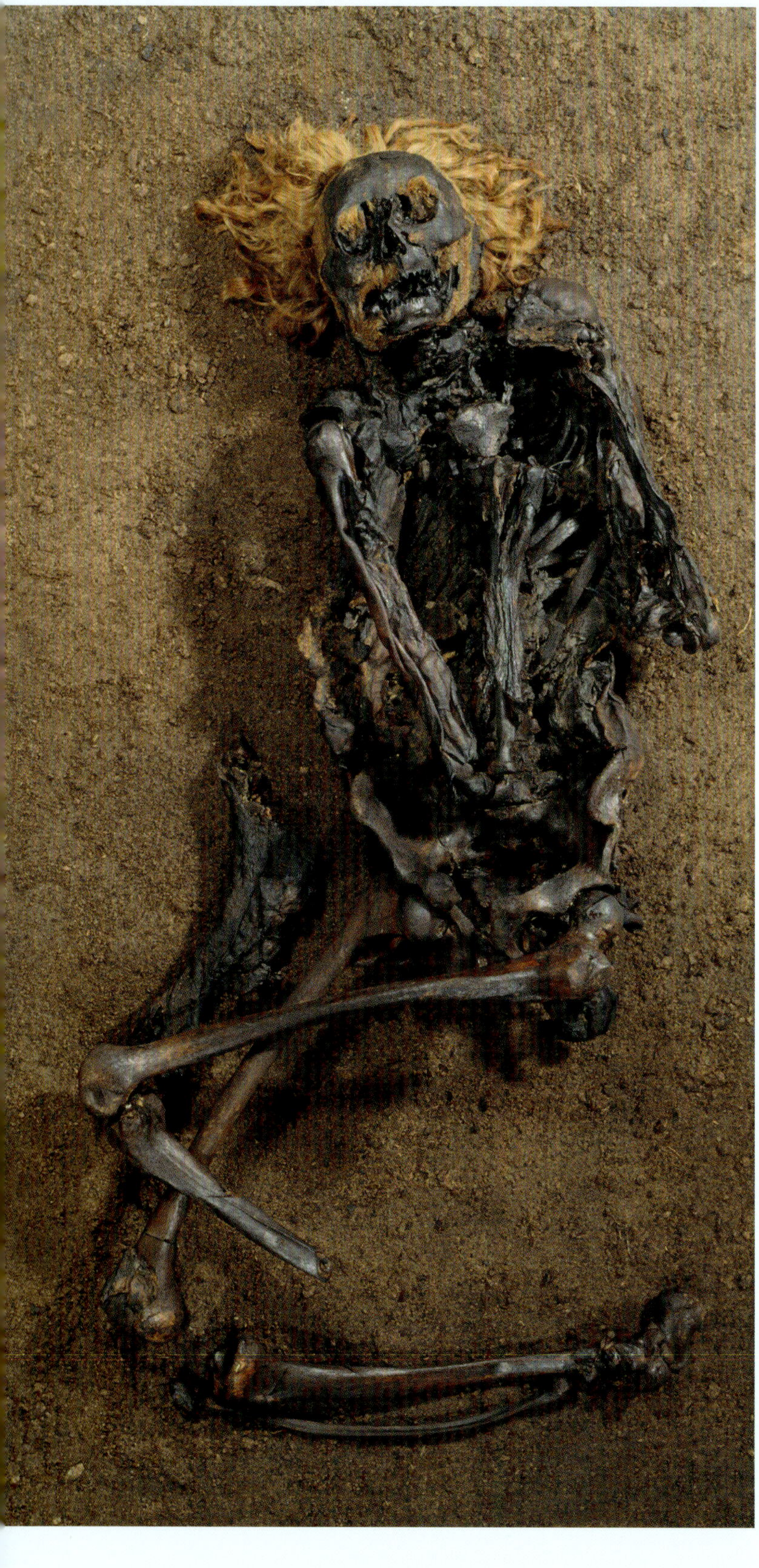

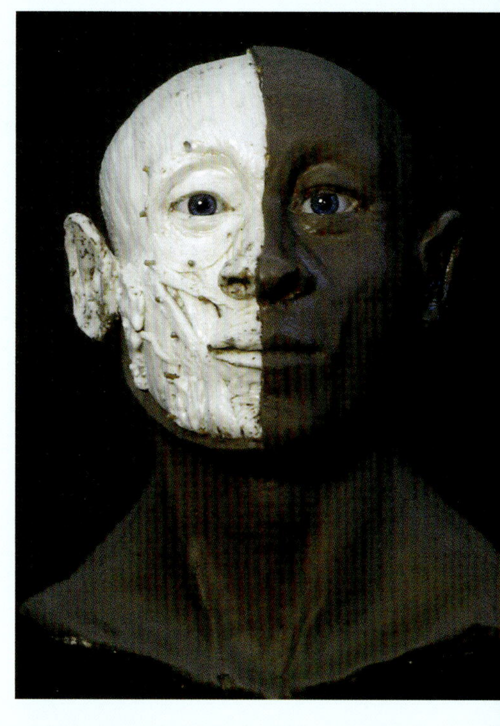

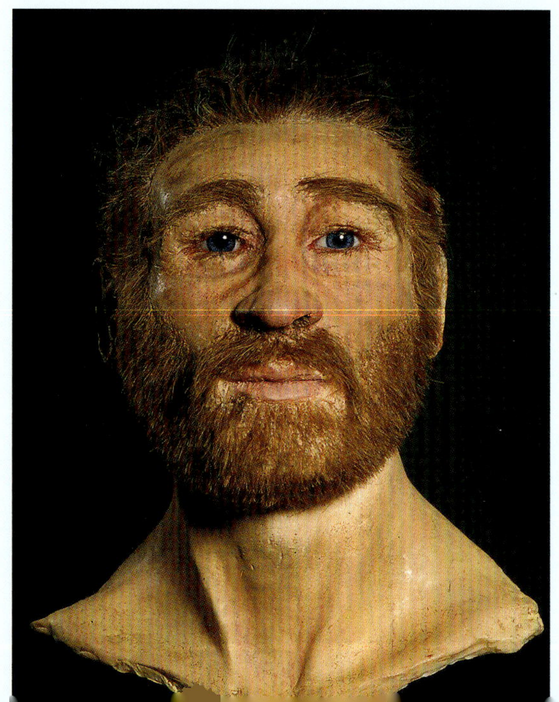

Moormumie
3./4. Jh.
moderne Rekonstruktionen
Körperhöhe: 180 cm
Fundort:
nahe Neu Versen
(Ldkr. Emsland)

Der »Rote Franz«

Der »Rote Franz« wurde 25 bis 30 Jahre alt. Vielleicht war er ein Krieger und hat zu Pferd gekämpft. Seine Hüft- und Oberschenkelknochen lassen erkennen, dass er zeit seines Lebens sehr viel geritten ist; ein verheilter Bruch des rechten Schlüsselbeins stammt möglicherweise von einem Sturz vom Pferd oder von einer Kampfverletzung. Mit 180 Zentimetern Körperhöhe war er groß gewachsen; seine Leiche ist erst im Moor auf ihre heutige Größe geschrumpft. Und er starb keines natürlichen Todes: Spuren von Krankheiten zeigt die Mumie nicht, aber ihre forensische Untersuchung brachte die Todesursache des Mannes ans Licht: ein Schnitt durch die Kehle!
Entdeckt wurde der mumifizierte Leichnam 1900 im Bourtanger Moor nahe der Ortschaft Neu Versen. Er ist heute eine einzigartige historische Quelle für Anthropologen und Archäologen, bei seiner Untersuchung wurden schon viele Details herausgefunden. Eine sogenannte 14C-Datierung ergab etwa, dass der Mann zwischen 252 und 296 oder 316 und 388 nach Christi Geburt umgekommen sein muss. Und wir können uns nach einer Gesichtsrekonstruktion sogar eine Vorstellung von seinem Aussehen machen.
Manche Fragen aber blieben bisher unbeantwortet. Der Leichnam wurde unbekleidet entdeckt, doch ist er wirklich in diesem Zustand ins Moor gelangt? Möglicherweise hatte der Mann Kleidung aus Leinen getragen, deren Fasern sich im chemischen Milieu des Moors vollständig aufgelöst haben. Warum ist der Leichnam nicht verbrannt worden, wie es im 3. und 4. Jahrhundert in Niedersachsen üblich war? Ist er einem Mord zum Opfer gefallen oder aus kultisch-religiösen Gründen getötet und deshalb im Moor versenkt worden? Seine rote Farbe erhielt das Haar des »Roten Franz« durch die Lagerung im Moor, das ist sicher.

Schatzfund
von Lengerich
4. Jh.
Gold und Silber
Fundort: Lengerich

Wie gewonnen, so zerronnen

Der Schatz war in drei Teilen unter je einem großen Stein verborgen: Neben Münzen und Goldschmuck enthielt er auch Rangabzeichen eines Offiziers der römischen Armee – eine sogenannte Zwiebelknopffibel aus reinem Gold und zwei massiv goldene Armringe, die für besondere Verdienste verliehen wurden. Wer hat diese symbolträchtigen Gegenstände in der Nähe des heutigen Ortes Lengerich vergraben?

In den ersten vier Jahrhunderten nach Christus suchten Scharen von jungen Männern aus der germanischen Welt ihr Glück als Söldner in der römischen Armee. In dieser Armee war praktisch für jedermann ein Aufstieg bis in die allerhöchsten Ränge möglich, unabhängig von seiner Herkunft und ethnischen Zugehörigkeit – eine verlockende Aussicht auf Ruhm und Reichtum. Veteranen brachten neben exotischen Waren oft auch römischen Lebensstil mit zurück in ihre Heimat.

Ein solcher Söldner könnte den Schatz im 4. Jahrhundert versteckt haben, nachdem er nach dem Ende einer ebenso erfolg- wie ertragreichen militärischen Laufbahn in der römischen Armee ins Emsland zurückgekehrt war.

Von diesem 1847 entdeckten Edelmetallschatz, dem größten bisher bekannten der Römischen Kaiserzeit aus Nordwestdeutschland, wurden leider im 19. Jahrhundert fast alle Bestandteile eingeschmolzen, darunter ein kostbarer Halsschmuck. Heute existieren von ihm noch eine Münze, drei Fingerringe, eine Spirale und vier Zierknöpfe unbekannter Funktion. Dicht neben diesem waren über 1200 römische Silbermünzen und zwei Schalen aus Silber und Bronze deponiert, von ersteren sind noch 18 Stück erhalten, die beiden Schalen hingegen sind verschwunden.

Der Name des Besitzers des Schatzes und seine Taten werden für immer unbekannt bleiben – fest steht nur, dass er sein Vermögen zu Lebzeiten nicht mehr bergen konnte.

Liebenau

Dem Speer geweiht

Das Amulett fand sich am Waffengurt eines Mannes, der im 5. Jahrhundert bei Liebenau an der Weser beigesetzt worden ist. Zu seinem Alltag gehörte der Umgang mit Waffen; ihre Beherrschung im Kampf oder auf der Jagd erforderte Kraft, Geschick und hartes Training. Aus dieser Welt der Krieger stammt eines der ältesten Schriftdenkmäler Niedersachsens: ein runder silberner Anhänger mit der Runeninschrift RAUZWI. Das bedeutet in etwa »dem Speer geweiht«.

Die Gesellschaften im Norden Europas kannten damals noch keine reguläre Schrift. Sie hatten ihre Erinnerungen, Traditionen, Mythen und Rechtsnormen seit Jahrtausenden mündlich bewahrt und weitergegeben. An der Wende zum 3. Jahrhundert begann man aber, buchstabenartige Zeichen zu verwenden. Sie wurden eingeritzt und bestehen folglich nur aus strichförmigen Elementen. Diese sogenannten Runen finden sich in profaner, aber auch sakraler und magischer Verwendung. Sie können Angaben zu den Besitzern oder Herstellern von Gegenständen machen, hatten aber auch magische Funktion: Runeninschriften fixieren Beschwörungen und Abwehrzauber oder stellen Weiheinschriften dar. Die Frage nach der Entstehung der Zeichen in einem schriftlosen kulturellen Milieu und nach den Gründen für ihre Verwendung beschäftigt die Forschung schon lange, der Ursprung der Runenschrift ist noch nicht befriedigend geklärt. Vieles spricht dafür, dass sie um die Zeitenwende im westlichen Ostseeraum auf der Grundlage des lateinischen Alphabetes entwickelt und vielleicht sogar von einem oder mehreren »Intellektuellen« als Kommunikationsmittel erfunden worden ist.

Silberscheibe
5. Jh.
Silber
Druchmesser: 2,5 cm
Fundort: Liebenau
an der Weser

Grabbeigaben
5. Jh.
Gold, Silber, Bernstein, Glas, Eisen, Buntmetall, Keramik
Fundort: Issendorf (Ldkr. Stade)

Kein Raub der Flammen

In den Landschaften Niedersachsens war es seit der Bronzezeit üblich, die Toten einzuäschern. Im 5. und 6. Jahrhundert gingen am Unterlauf der Elbe einige Familienverbände dazu über, ihre Toten unverbrannt zu bestatten. Ob sie dafür religiöse Gründe hatten oder einfach nur dem Vorbild anderer Regionen folgten, muss offen bleiben. Für die Archäologen ist diese Änderung im Brauchtum ein Glücksfall, der viele Einblicke in die Lebenswirklichkeit der Menschen ermöglicht. In den Gräbern der so bestatteten Toten sind oft Bestandteile ihrer Kleidung und von Beigaben erhalten, die bei einer Einäscherung mit verbrannt und für immer zerstört worden wären. So zeigt ein Körpergrab wohl vom Beginn des 5. Jahrhunderts aus einem Friedhof bei Issendorf, wie überaus reich geschmückt die Tracht einer Frau damals gewesen sein kann. Zur Kleidung der Beigesetzten gehörten drei prächtige Fibeln aus vergoldetem Silber: Die beiden runden Gewandspangen fixierten ein ärmelloses Kleid, die große sogenannte »zweiarmige Fibel« verschloss einen Mantel oder Umhang. Die wertvollen Schmuckstücke sind ein beredtes Zeugnis der großen Kunstfertigkeit der damaligen Goldschmiede.

Neben einem feinen silbernen Halsring und einer Kette mit Glasperlen und Silberröhrchen trug die Frau außerdem eine prachtvolle Kette aus 80 großen Bernsteinperlen – das Kollier wog rund 300 Gramm! An einem Gürtel hatte die Frau ferner drei Schlüssel, einen großen, funktionsfähigen aus Eisen und zwei kleine Zierschlüssel, die als heidnische oder auch christliche Amulette gedeutet werden können und in einem kleinen Lederbeutel verwahrt wurden. Zur Grabausstattung gehörten noch ein Messer und vier Keramikgefäße. Welche Rolle die Frau in ihrer bäuerlichen Gesellschaft gespielt hat, lässt sich nicht mit Sicherheit sagen, aber sie dürfte einer ebenso wohlhabenden wie einflussreichen Familie angehört haben.

Fäden der Macht

Aus Goldfäden gestrickte Ketten gehören zu den anspruchsvollsten Arbeiten des frühgeschichtlichen Goldschmiedehandwerks. Ihre Herstellung ist enorm aufwendig und erfordert großes Geschick. Die ältesten Stücke in dieser Technik finden sich unter den Hinterlassenschaften der Skythen aus der Mitte des ersten vorchristlichen Jahrtausends. In Europa tauchen sie zuerst in den letzten Jahrhunderten vor Christi Geburt auf und scheinen nach dem 5. Jahrhundert in Vergessenheit geraten zu sein. Eine Renaissance erlebten sie erst wieder im 10. Jahrhundert in Skandinavien, nun vorzugsweise aus Silber gefertigt.

Eine präzise Datierung und genaue Herkunftsbestimmung der Goldkette von Isenbüttel fällt bis heute schwer. Vieles spricht dafür, dass sie aus dem 7. Jahrhundert stammt und damit aus eben jener Zeit, in der solche Ketten in Europa eine große Rarität sind. Das singuläre Stück steht stilistisch den skandinavischen Strickketten der Wikingerzeit nahe, die Verzierungen lassen aber auch Bezüge zu südosteuropäischen Stücken der Völkerwanderungszeit erkennen.

Die überaus qualitätvolle Strickkette besteht aus einem 42 Zentimeter langen Strickwerk aus Goldfäden von nur 0,5 Millimetern Stärke. Seine Enden werden von goldenen Hülsen in Tierkopfgestalt aufgenommen, die aufwendig mit Perldrähten und in Zellenschmelz-Technik gefassten roten Halbedelsteinen verziert sind.

Die Goldkette von Isenbüttel wurde 1922 bei Rodungsarbeiten entdeckt. Warum sie einst in den Boden gelangte, ist unbekannt. Ihr Finder hatte sie zunächst seinen Kindern zum Spielen überlassen, später dem Grundeigentümer gegen »ein fettes Schwein« zum Tausch angeboten. Danach wanderte sie durch die Hände von Antiquitätenhändlern und Sammlern, bis sie 1962 vom Landesmuseum Hannover angekauft wurde.

Der Materialwert und die hohe Fertigungsqualität dieser Goldschmiedearbeit sind im norddeutschen Raum ohne Parallele. Die ehemaligen Besitzer des wertvollen Schmucks dürften zur Oberschicht der Merowingerzeit gehört haben.

Goldkette von Isenbüttel
7. Jh.
Gold, Halbedelsteine
Länge: 42 cm
Fundort: Isenbüttel
(Ldkr. Gifhorn)

Brakteaten
5./6. Jh., Gold
Durchmesser: maximal 30 mm
Fundort: Nebenstedt
(Ldkr. Lüchow-Dannenberg)

Göttergold

Als Brakteaten werden verschiedene aus Metallblech geprägte Scheiben bezeichnet: Mittelalterliche Brakteaten sind zumeist Münzen. Die aus Goldblech geprägten Schmuckscheiben aus dem 5. bis 6. Jahrhundert trug man hingegen als Amulette. Darauf weisen die Aufhänger oder Löcher hin, mit denen sie versehen sind.

Die dargestellten Szenen können wir heute nicht sicher interpretieren. Für ihre einstigen Träger müssen sie jedoch allgemein verständliche Bedeutungen gehabt haben, die wohl auch gesellschaftliche und religiöse Identität vermittelten. In den standardisierten Bildern werden Tierdarstellungen und Götterbilder vermutet, jedenfalls Szenen und Figuren aus der germanischen Mythologie. Viele Brakteaten tragen auch Runen.

Angefertigt wurden sie im Auftrag der germanischen Eliten durch versierte Handwerksmeister. Von ihrer Ursprungsregion, dem südlichen Skandinavien, aus erreichten sie eine enorme Verbreitung bis nach Norwegen, in das Donaugebiet, nach England und sogar Russland.

Die Bewohner der germanischen Welt standen offenbar in regem Kontakt miteinander und waren nicht nur in zahlreiche Stämme und Verbände gegliedert, sondern auch in größeren überregionalen Strukturen organisiert.

In Südskandinavien dienten Brakteaten auch als Opfergaben an die Götter. Dazu wurden sie in kleinen und größeren Horten in der Erde vergraben. Manche Forscher vermuten, dass sie außerdem Bestandteil von Tempelschätzen waren. In anderen Gebieten Mittel- und Nordeuropas gelangten fast immer nur einzelne Stücke in den Boden, und zwar als Grabbeigaben.

In Niedersachsen sind jedoch beide Phänomene zu beobachten: Auf einem Gräberfeld bei Issendorf fand sich ein einzelner Brakteat als Grabbeigabe, bei Nebenstedt, Sievern und Landegge wurden hingegen kleine Horte von Brakteaten aus der Zeit um 500 entdeckt – ein Hinweis darauf, dass hierzulande damals ähnliche religiöse Praktiken existiert haben könnten wie im südskandinavischen Raum.

INGELRII

Schwert
11. Jh.
Eisen
Länge: 84 cm
Fundort: Teufelsmoor
bei Worpswede

Im Namen des Schwertes

INGELRII steht deutlich lesbar auf der Klinge. Damit ist nicht der Krieger bezeichnet, der dieses prächtige Schwert einst im Kampf führte. Auch wenn eiserne Schwerter in den frühgeschichtlichen germanischen Gesellschaften Mittel- und Nordeuropas eine zentrale Rolle spielten – als gefürchtete Waffe, aber auch als Statussymbol des freien Mannes.

In der Mythologie ranken sich um die sagenhaften Eigenschaften von Schwertern viele Erzählungen, manche haben gar eine eigene »Biografie« und tragen Namen, etwa das Schwert Gram, mit dem Siegfried den Drachen erschlug. Aber die Inschrift auf unserem Stück meint auch keinen solchen Namen.

INGELRII ist eine Werkstattmarke. Um 800 wurden bei den Franken im Maasgebiet und am Niederrhein besonders qualitätvolle Waffen hergestellt. Diese erfreuten sich auch bei den Feinden der Produzenten größter Beliebtheit – und so zog in den Sachsenkriegen mancher Mann mit einem importierten fränkischen Schwert in den Kampf gegen Karl den Großen.

In dieser Zeit versahen manche Waffenschmiede die von ihnen produzierten Klingen mit einer Inschrift. Die Qualität verheißenden Marken der Karolingerzeit wurden über viele Generationen hinweg kopiert, bis weit in das 11. Jahrhundert. Schwerter aus dieser schon hochmittelalterlichen Zeit sind jedoch ausgesprochen selten erhalten, weil sie in den weitgehend christianisierten Landschaften Mittel- und Nordeuropas ihren Besitzern kaum noch mit in die Gräber gegeben wurden und so keine Chance hatten, als archäologische Funde die Zeiten zu überdauern.

Eines dieser überaus raren Stücke konnte das Landesmuseum Hannover 1933 erwerben.

Es war um 1900 unter ungeklärten Umständen im Teufelsmoor zwischen Worpswede und Adolfsdorf gefunden worden und besitzt eine klassische Schwertform des 11. Jahrhunderts. Auf der einen Seite trägt die Klinge die Werkstattmarke INGELRII, auf der anderen Seite befindet sich eine nicht lesbare zweite Inschrift, die wohl nur symbolischen Charakter hatte.

Perspektiv-wechsel

Der offene Umhang gibt den Blick auf die geschlitzten, kostbar bestickten Ärmel frei. Die Säume der Kniehose sind spitzenverziert: Wie ein spanischer Beamter von adliger Herkunft tritt uns Don Luys, der Gouverneur der Provinz Paucartambo entgegen. So ein Gewand trägt nur, wer in der kolonialen Hierarchie weit oben steht. Die Medaille der Maria der »unbefleckten Empfängnis« vor der Brust weist zudem auf seine Ausbildung bei der katholischen Ordensgemeinschaft der Jesuiten hin.

Aber der Mann ist barfuß! Das passt so gar nicht in ein barockes Repräsentationsgemälde. Und einen solchen Kopfschmuck mit Federn, Perlen und den roten Wollfransen trugen nur die höchsten Inkafürsten. Laut der Kartusche im unteren rechten Bildteil entstammt Don Luys dem 3. Inka Lloque Yupanqui und damit der höchsten Herrscherkaste der vorspanischen Zeit. Er zeigt sich also gleichzeitig als Inkafürst und als hochgestelltes Mitglied der kolonialen Gesellschaft, als Teil der indigenen Elite und der Konquista.

Das Gemälde war vermutlich Teil der Sammlung von Doña Martina Chiguan Topa, einer Nachfahrin von Don Luys. Es entging im späten 18. Jahrhundert einer von der Kirche angeordneten Bilderzerstörung, die jegliche Verbindung zu den Inka vernichten sollte. Als eines der wenigen verbleibenden Beispiele seiner Art gelangte es Ende des 19. Jahrhunderts in die Sammlung des hannoverschen Textilkaufmanns Wilhelm Gretzer und kam 1927 an das damalige Provinzialmuseum in Hannover.

Malschule von Cuzco
Porträt des (Don) Luys Guamantitu Yupanqui Chiguan Topa
Peru, 18. Jh.
Öl auf Leinwand
195 × 130 cm
Sammlung Gretzer

Bilderrätsel

Fragment eines bemalten Gewebes
Peru, Pachacámac
Chimú-Stil,
1100–1300
152 × 49 cm
Sammlung Gretzer

Es könnte tatsächlich eine Art Bildsprache gewesen sein! Wir erkennen Muster und Menschen, Boote und Baldachine, Fische und Vögel und wohl auch mythische Wesen. Alles streng und nach einem genauen Plan angeordnet. Aber was bedeuten die Darstellungen? Sind es Szenen aus dem Alltag der Menschen – vielleicht Fischer bei der Arbeit? Sind es Themen aus der Mythologie? Denkbar ist auch eine religiöse Interpretation, etwa die Reise der Verstorbenen in eine andere Welt. Das bleibt alles Vermutung – es gibt unterschiedliche Deutungsmöglichkeiten.

Was wir wissen ist, dass Textilien im alten Peru ein besonderer Stellenwert zukam. Sie wurden zum Beispiel hochgestellten Verstorbenen mit ins Grab gegeben. Die Herstellung von Stoffen war in verschiedenen altperuanischen Kulturen verbreitet und viele unterschiedliche Techniken wurden dafür entwickelt. Als Grabbeigaben fanden sich nicht nur Textilien wie Totentücher oder Kleidungsstücke an Mumien, sondern oft auch die Werkzeuge zur Textilerzeugung wie Spindeln, Webschwerter oder Teile von Webstühlen.

Warum aber ist unser Stoff so unregelmäßig beschnitten? Leider wurden im ausgehenden 19. Jahrhundert größere Textilien aus Peru oft zerteilt, um Beispiele eines Musters in verschiedene Museen und Privatsammlungen geben zu können. So geschah es auch bei unserem besonderen Stoff, der in der peruanischen Ruinenstadt Pachacámac gefunden worden war und in die Sammlung von Wilhelm Gretzer gelangte. Gretzer teilte ihn und gab das ehemals größere Stück nach Berlin. Das kleinere behielt er bei sich, wodurch es später nach Hannover kam. Leider wurde im Zweiten Weltkrieg das Berliner Stück weitestgehend zerstört. Somit war die Teilung ausnahmsweise ein Glücksfall, denn das nunmehr größere Teilstück in Hannover hat den Krieg unbeschadet überstanden.

Vernetzte digitale Datenbanken der in der Welt verteilten Bestände von altperuanischen Objekten sollen in Zukunft dabei helfen, solche textilen Fragmente wieder zusammenzuführen.

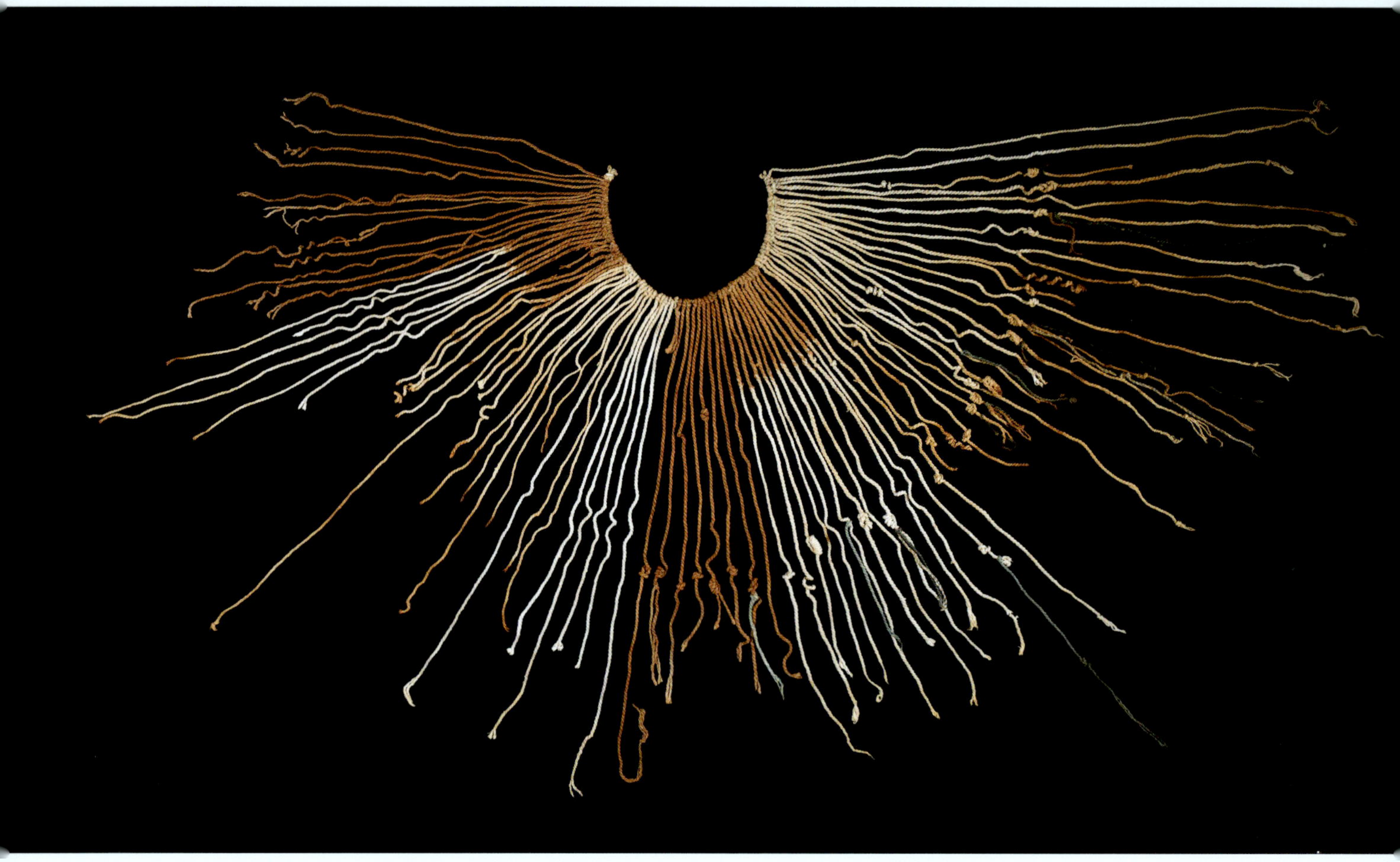

Staatsverwaltung in Schnurform

War es die Niederschrift eines astronomischen Ereignisses oder das Protokoll einer Gerichtsverhandlung? Haben wir es mit einer Statistik über Baumaterial oder mit der Aufzeichnung des Ablaufs einer gewonnenen Schlacht zu tun? Wir wissen es nicht, den Code kann heute niemand mehr entschlüsseln.

Mit Knoten versehene *Quipu*-Schnurbündel dienten den Inka zur Statistik und waren transportable Wissensspeicher: Die Anwendungen reichten von reiner Zählung bis hin zur Bewahrung von Daten wichtiger Ereignisse. Nicht nur Anzahl und Position der Knoten waren hierbei ausschlaggebend, sondern auch die jeweilige Farbe und vermutlich auch die Drehrichtung der einzelnen verwendeten Fäden.

Da es historische Abbildungen von Briefträgern gibt, welche zusammengerollte *Quipu*-Schnüre überbringen, mussten die geknüpften Nachrichten sowohl vom Sender als auch vom Empfänger entziffert werden können. Es war also ein schriftähnliches System. Und es trug offenbar dazu bei, dass der komplexe Verwaltungsapparat im eigentlich »schriftlosen« Inkareich so erfolgreich war.

Heute ist es nicht mehr möglich, die noch vorhandenen Schnüre zu entziffern. Und das, obwohl es vor 500 Jahren dafür noch Pendants in europäischer Schriftform gab: Am Anfang der Kolonisierung bestand das *Quipu*-System noch einige Jahre parallel zu spanischen Aufzeichnungen. Aber fanatische spanische Missionare betrachteten im 16. Jahrhundert die ehemals sehr umfangreichen *Quipu*-Archive als Teufelswerk und zerstörten sie.

Und so versuchen Wissenschaftler noch immer, den Code der *Quipu* zu knacken.

Quipu-Schnur
Peru,
Inkazeit, 15.–16. Jh.
Länge der Schnüre:
max. 46 cm
Sammlung Gretzer

Mitbringsel von Cooks Reisen

Speisehaken mit Rattenschutz (*taunga*)
Tonga, Polynesien
vor 1780
Höhe: 61 cm,
Durchmesser: 26 cm
Sammlung Cook

Kapitän James Cook (1728–1779) ist heute ein Inbegriff des Seefahrers und Entdeckers.
Er war aber viel mehr als ein Abenteurer: Als Kartograf füllte er viele weiße Flecken auf der Landkarte, und er prägte das Bild vom Pazifik und von dessen Bewohnern in Europa. Auf seine drei berühmten Südsee-Reisen wurden Wissenschaftler und Künstler mitgenommen, man legte Sammlungen an, hielt Eindrücke von Ländern und Leuten auf Bildern fest und verbreitete diese schließlich durch gedruckte Reiseberichte. Die von Cook und seinen Mitreisenden gesammelten Objekte gelten oft als früheste Beispiele materieller Kultur aus der jeweiligen Herkunftsregion, da Cook entweder einer der ersten oder sogar der erste Europäer war, der dorthin gelangte und dort sammelte.
Aber so bedeutend Cook auch als Pionier für die Erforschung des Pazifikraums war, unser Bild von ihm ist nicht nur positiv: Mit seinen Reisen begann die europäische und amerikanische Einflussnahme in diesen Gebieten, die eben auch mit der Verschleppung von Menschen und der Verbreitung von bisher dort unbekannten Krankheiten einherging.
Dieser Rattenschutz, der verhindert, dass Ratten an die am unter dem Teller hängenden Haken befestigten Speisen gelangen, stammt aus den Sammlungen der Cook-Reisen. Er gehörte zum Bestand des Academischen Museums in Göttingen. Auf königliche Order sonderten die Göttinger 1853 einige Stücke aus ihrer großen Cook-Sammlung aus und gaben sie an das neu gegründete Provinzialmuseum nach Hannover ab. Meist wurde versucht, das jeweils weniger eindrucksvolle zweite Exemplar der Sammlung dafür zu nehmen. Bei diesem Objekt geschah jedoch ein Missgeschick: Versehentlich wurde die zu Schauzwecken angefertigte Nachbildung zurückbehalten und das Original nach Hannover geschickt, wo es heute einen zentralen Platz in der Auswahl der Stücke von den Cook-Reisen einnimmt.

Globalisierung mit dem Floß

Floßmodell
Taiwan, vor 1868
47 × 14,5 × 31 cm
Sammlung Ebele

Mit Flößen, die wie dieses Modell aussahen, hat vermutlich die erste große Globalisierungswelle der Austronesier stattgefunden, welche vor etwa 7 000 bis 8 000 Jahren erst aus Südchina nach Taiwan emigrierten und dann von dort aus die Besiedlung der gesamten indopazifischen Region betrieben. Und alles begann wahrscheinlich auf solchen langen Flößen aus Bambus oder Baumstämmen! Bald entwickelten sie eine Vielzahl an Bootsformen bis hin zu großen Auslegerkanus und Doppelrumpfbooten, die hochseetauglich waren, obwohl sie von keinem Nagel und keiner Niete zusammengehalten wurden. Gepaart mit exzellentem navigatorischem Wissen und einem offensichtlichen Entdeckungsdrang nutzten die austronesischen Seefahrer die Bootstechnologie, um bis zu den entferntesten Inseln des Pazifiks vor der Küste Südamerikas ebenso vorzudringen wie bis zur Insel Madagaskar, welche dem afrikanischen Kontinent vorgelagert ist.

Die Verbindungen innerhalb dieses gewaltigen besiedelten Raumes lassen sich teils anhand materieller Kultur nachweisen – etwa der Verwendung von Rindenbast zur Herstellung von Stoffen. Es gibt auch einige verwandte religiöse Vorstellungen. Vor allem aber ist es die Sprache, die auf die gemeinsamen Wurzeln verweist: Von Madagaskar bis zur Osterinsel und von Neuseeland bis Hawai'i sprechen die Menschen noch immer Sprachen, die der austronesischen Sprachfamilie angehören.

Das macht 25 Schnecken, bitte!

Mit einem kleinen Stück Schneckengeld kann man auf dem Markt ein Brötchen oder eine Banane kaufen; für ein paar Stränge davon gibt es ein Schwein.
Geldformen sind vielfältig und unsere Variante mit Münzen und Scheinen ist nur eine von unendlich vielen Möglichkeiten, transportable und akzeptierte Wertspeicher zu schaffen. Viele alternative Zahlungsmittel fanden nur im kleinen Umkreis, manche aber auch in großen Gebieten Verwendung – noch nicht alle sind heutzutage von dem uns bekannten Schein- und Münzgeld (oder vom »Plastikgeld«) verdrängt.
Auf der Insel Neubritannien im Gebiet des Bismarck-Archipels ist es beispielsweise heute noch möglich, mit Schneckengeld einzukaufen. Spezialistinnen fertigen die Stränge so genau, dass immer die gleiche Menge an Schneckenhäusern auf einer bestimmten Stranglänge aufgefädelt ist. Kleinere Abschnitte können so lokal noch immer als Zahlungsmittel genutzt werden.
Große Ringe aus Schneckengeld sind Prestigeobjekte. Ihre Besitzer zerschneiden diese auf Festen und verteilen die freiwerdenden Geldschnüre unter den Anwesenden, um ihren sozialen Status zu festigen oder zu erhöhen. So dient die Bündelung von höheren Geldbeträgen letztlich nur dem Aufrechterhalten der allgemeinen Zahlungsfähigkeit, und jedes Mitglied des sozialen Netzwerks gelangt auf diese Weise regelmäßig an Geld.

Großer Schneckengeldring (*loi loi*)
Melanesien, Bismarck-Archipel, Duke-of-York-Inseln, 20. Jh.
Höhe: 8,5 cm,
Durchmesser: 100 cm
Sammlung Schneider

PRO PELLE CUTEM

HB
E M
1/2
N B

½ Biberpelz-Token
ohne Jahreszahl [1854]
Kanada, Hudson's Bay Company
Kupferlegierung (Messing), 5,14 g
Durchmesser: 27 mm

Geld ist, was gilt

In Nordamerika kannte man Münzgeld aus Spanien, Frankreich und Großbritannien. Fernab der Zivilisation gab es aber auch noch Tauschhandel und Naturalgeld. Als Wertmesser und Recheneinheit dienten dabei Biberfelle – bestimmte Handelsgüter erhielten ihren Preis in Biberfell. So kosteten 1733 eine Hose drei Biberfelle, 1748 ein Skalpiermesser (!) ein Biberfell oder 1863 eine Axt drei Biberfelle. Es handelte sich also bei den Biberfellen um relativ große Werte mit hoher Zahlkraft. Schwierig wurde es dann, wenn es um Geschäfte mit geringwertigeren Dingen, mit Gütern des täglichen Bedarfs ging. Eine Zerteilung der wertvollen Pelze war völlig unsinnig und indiskutabel.
1854 wurden erstmals praktische Metallmarken für abgelieferte Felle eingeführt, die viel handlicher und haltbarer als die Felle selbst waren. Sie wurden auch in Werten von ¼ und ⅛ Biberfell ausgegeben. Unser Stück hat den Wert von einem halben Biberpelz. Es trägt zwar keine Jahreszahl, das Entstehungsjahr 1854 lässt sich jedoch aus anderen Quellen und Zusammenhängen erschließen.
Diese Marken waren kein gesetzliches Zahlungsmittel, sondern ein privates Geldzeichen. Weil im riesigen Britischen Weltreich im 18. und 19. Jahrhundert ein enormer Mangel an Kleingeld herrschte, gaben private Institutionen und Firmen mit Duldung der Obrigkeit solche Marken heraus. Auch wenn uns dieses »Geld« merkwürdig erscheint: Geld ist, was gilt. Hier sind wir Zeugen des Weges der Geldgeschichte vom Tauschhandel über Naturalgeld bis zum Metallgeld. Etwas hat sich von diesen ersten Geldzeichen bis heute erhalten: Die Rückseite mancher kanadischer Münzen ist mit dem Bild eines Bibers versehen.

Tanzmasken aus Rindenbast
(*a quruquruk*)
Neubritannien, Qaqet-Baining,
1. Hälfte 20. Jh.
356 × 42 cm und 380 × 33 cm

Aus einem weltumspannenden Stoff

Am Ende des Festes kommen die aufwendig geschmückten Tänzer mit ihren riesigen Masken. Fast scheint es, als tanzten übermenschliche Wesen auf dem Platz vor dem Dorf. Die Tänzer unterliegen vor der Aufführung strengen Tabus und haben viele Tage lang gefastet.
Um zu zeigen, wie standhaft sie dabei waren, ziehen sie beim Tanzen demonstrativ die Bäuche ein.
Masken-Tänze gehörten bei der Bevölkerungsgruppe der Baining zu verschiedenen Übergangsritualen. Der spezielle Typ der *a quruquruk*-Masken ist Teil von Initiationsfesten, die den Übergang in das Erwachsenenleben feiern.
Die Baining sind für diese großartigen und vielfältig geformten Masken bekannt. Diese können mehrere Meter hoch sein und bestehen aus einem komplizierten Gestell aus Rattan, das mit bemaltem Baststoff bespannt ist. Der Stoff wird hergestellt durch das Zusammenklopfen mehrerer Schichten der inneren Rinde von bestimmten Baumarten – zum Beispiel der Papiermaulbeere. Er ist dicht und haltbar, aber zugleich sehr leicht.
Auf diese Weise aus Holzfasern Stoff zu erzeugen, ist eine weit verbreitete Technik. Ist beim Klopfen die Unterlage durch Schnitzmuster verziert, so ergibt sich ein eingeprägtes »Wasserzeichen«. In vielen Regionen gilt Rindenbaststoff als kostbar und wird kunstvoll bedruckt oder bemalt.
Bei uns werden diese Stoffe meist als *tapa* bezeichnet, allerdings nur, weil Kapitän Cook auf Tahiti diese besondere textile Technik zuerst vorfand und unter dem dortigen Namen nach Europa brachte. In Hawai'i heißen die Stoffe zum Beispiel *kapa* und in Samoa *siapo*.
Sie gehören zu den wenigen materiellen Ähnlichkeiten, die das große durch austronesische Siedler bewohnte Gebiet von Pazifik und Indischem Ozean verbinden. Aber nur bei den Baining auf der Insel Neubritannien werden aus ihnen solche eindrucksvollen großen Masken gefertigt.

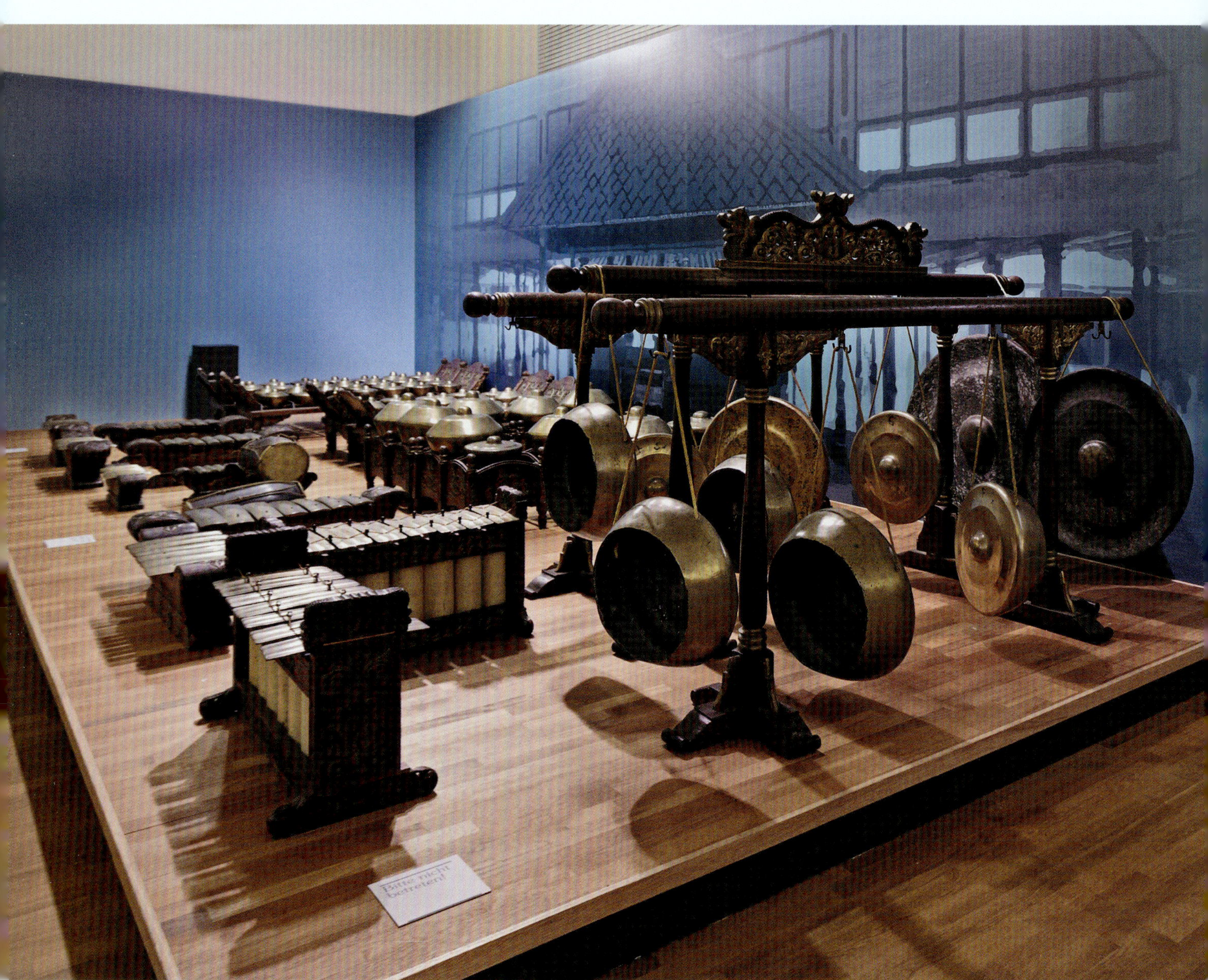
Bitte nicht
betreten!

Gamelanorchester
Yogyakarta, Java,
Indonesien,
ca. 1800
Ankauf 1995

Lebendiger Klang

In ungewohnter Rhythmik erklingen die metallischen Schläge auf Gongs und Metallplatten. Die Klänge durchdringen einander und überlagern sich gegenseitig. Es ist Gamelan zu hören. So heißt die Musik, so heißen aber auch die Instrumentalgruppen, auf denen diese gespielt wird. Sie sind vornehmlich auf den indonesischen Inseln Java und Bali zu finden, und die Orchester bestehen aus Gongs und Xylophonen – in unterschiedlichen Zusammensetzungen und Größen. Die Musik wird zur Unterhaltung und auch zur Begleitung von Tänzen oder Schattenspielaufführungen gespielt, und manchmal werden die Orchester durch Trommeln, Streich- und Blasinstrumente ergänzt.

Das Orchester im Landesmuseum Hannover wurde bereits um 1800 im Auftrag des vierten Sultans von Yogyakarta von hervorragenden Instrumentenbau-Meistern hergestellt und war in dessen Palast zu hören. Es besteht insgesamt aus 34 Instrumentalgruppen, von denen die meisten ausgestellt sind. Jeder einzelne Gong ist von Hand aus einem Stück Metall gehämmert und präzise gestimmt. Der schwerste unter den Hängegongs wiegt beinahe 150 Kilogramm. Das Ensemble ist komplett erhalten, in ausgezeichnetem Zustand und eines der ältesten seiner Art auf europäischem Boden. Und es wird regelmäßig gespielt!

Zum ersten Mal bekam man in Europa 1889 einen Eindruck vom Klang der Gamelanmusik: Auf der Pariser Weltausstellung gastierte eine Truppe aus Java. Damals waren die Reaktionen darauf geteilt. Wenn inzwischen in Hannover Gamelan erklingt, sind viele Besucher fasziniert von dem metallischen Klang, der die Luft im Museum vibrieren lässt.

So ein Theater!

Schattenspielfigur Kresna
Java, Indonesien,
20. Jh.
Höhe: 70 cm
Ankauf 1986

Woche für Woche kommen die Menschen zusammen und warten gespannt auf die nächste Vorstellung. Wird heute Prinz Bima siegen, oder wird der Riese Rajamala die Oberhand gewinnen? Kann der listenreiche Prinz Arjuna eine Entscheidung herbeiführen? Wie bei einer Soap Opera im Fernsehen diskutieren die Zuschauer den Fortgang der Geschichte und identifizieren sich mit den Helden. Produziert wird aber nicht in Babelsberg oder Bollywood. Es wird live mit beweglichen, flachen Lederpuppen hinter einer angeleuchteten Leinwand gespielt.
Dieses Schattenspiel hat auf der indonesischen Insel Java eine lange Tradition und wurde in Städten wie Yogyakarta und Surakarta zu höchster Blüte gebracht. Da es ursprünglich aus Indien stammte, bilden auch indische Themen die Grundlage des Repertoires, wie beispielsweise das Mahābhārata-Epos. Es handelt vom Kampf der fünf edlen Pandawa-Brüder gegen ihre Cousins, die 99 Korawas. In der Erzählung gibt es eine weitere Figur, die speziell in Indonesien eine wechselvolle Rolle gespielt hat. Es ist Kresna, der als Vermittler zwischen den Konfliktparteien steht. Seine schwarze Gesichtsfarbe weist auf positive Charaktereigenschaften wie Weisheit und Selbstbeherrschung hin, und er war in der vorkolonialen Zeit äußerst beliebt. Durch seine unparteiische Haltung wurde er im 18. Jahrhundert mit den Holländern assoziiert, die nach ihrer Ankunft zunächst zwischen den rivalisierenden Fürstenhäusern auf Java vermittelten. Mit dem zunehmend negativen Auftreten der Kolonisten sank jedoch auch das Ansehen von Kresna. Dies führte sogar dazu, dass Geschichten mit Kresna zeitweilig gar nicht mehr gespielt wurden. Erst in der nachkolonialen Zeit wurde er rehabilitiert und ist inzwischen wieder eine der beliebtesten Figuren des Schattenspiels.

Modell eines Seelenbootes
Sembiring Batak,
Sumatra, Indonesien,
vor 1896
94 × 77 × 26 cm
Sammlung Stalmann

Alles ist im Fluss

Während des großen Totenfestes *Pekualuh* ließen die Sembiring die Asche ihrer Toten in Seelenbooten auf den Fluss hinaustreiben. Diese Boote waren mit geschnitzten Darstellungen der Verstorbenen besetzt und maßen im Original etwa zwei Meter. Sobald sie sich weit genug vom Ufer entfernt hatten, versuchten die Hinterbliebenen, sie durch Steinwürfe zum Kentern zu bringen, die Asche so dem Fluss zu übergeben und zu verhindern, dass sich flussabwärts jemand der menschlichen Überreste bemächtigt. Die Seelen der Verstorbenen sollten mit der Asche zu einem entfernten Seelenland fließen, wo eine paradiesische Nachwelt auf sie wartete.
Der Glaube an Toteninseln und die Nutzung von Seelenbooten sind vielerorts in der austronesischen Religion zu finden. So auch bei den Sembiring, die vermutlich von südindischen Einwandern abstammen und zu einer Untergruppe der Batak gehören. Die verschiedenen Gruppen der Batak leben im Norden der indonesischen Insel Sumatra und waren lange Zeit kaum erforscht. Ihre religiösen Vorstellungen variierten früher von Gruppe zu Gruppe.
Die Verwendung von Seelenbooten war eine Besonderheit der Sembiring, die diese offenbar so repräsentativ für ihre Kultur empfanden, dass sie verkleinerte Nachbildungen der Boote herstellten, damit europäische Sammler diese leichter mit nach Hause nehmen konnten.
Bei den Sembiring endete dieser Brauch jedoch Ende des 19. Jahrhunderts, als sie größtenteils zum Christentum übergingen.

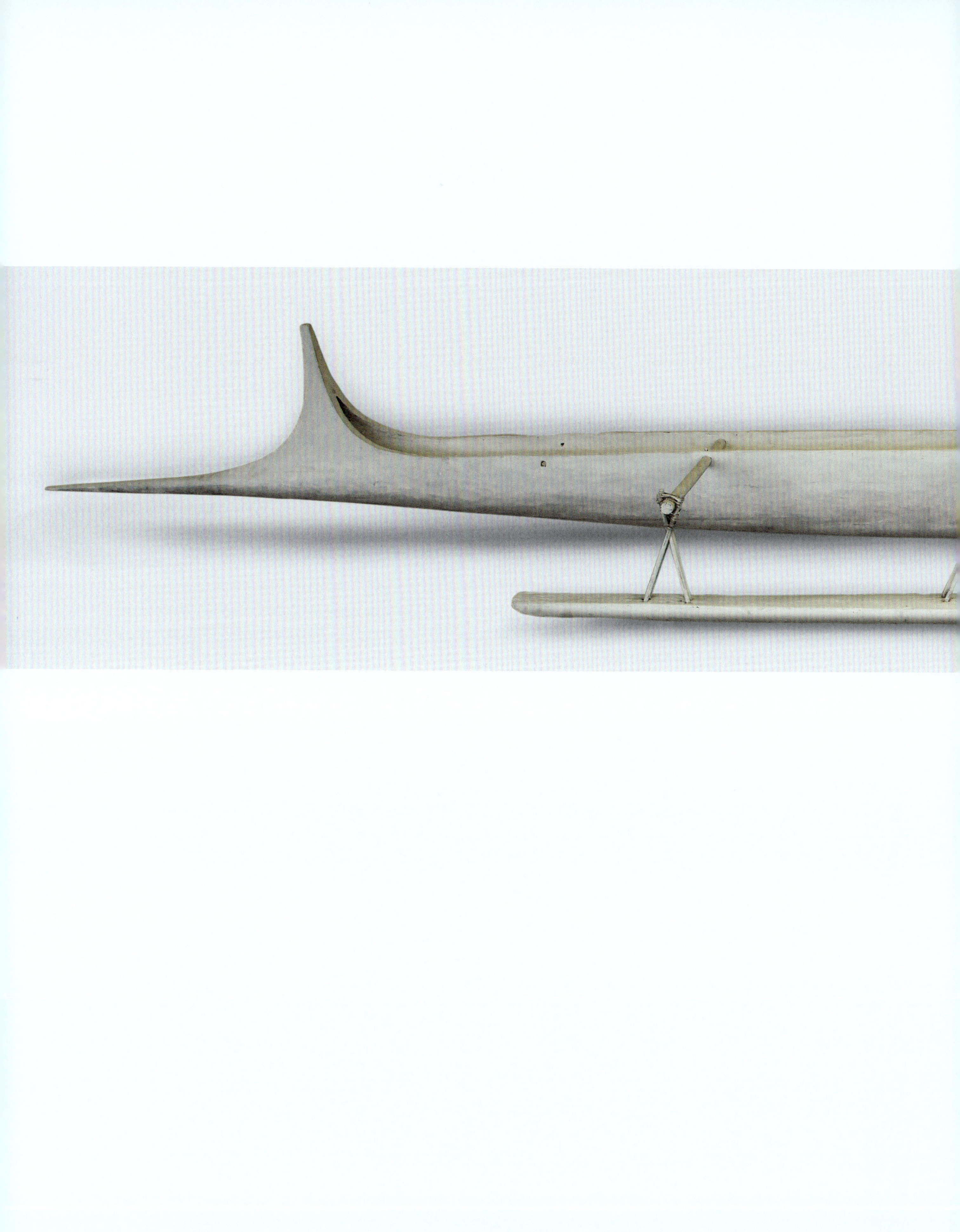

Minimal-Design aus der Südsee

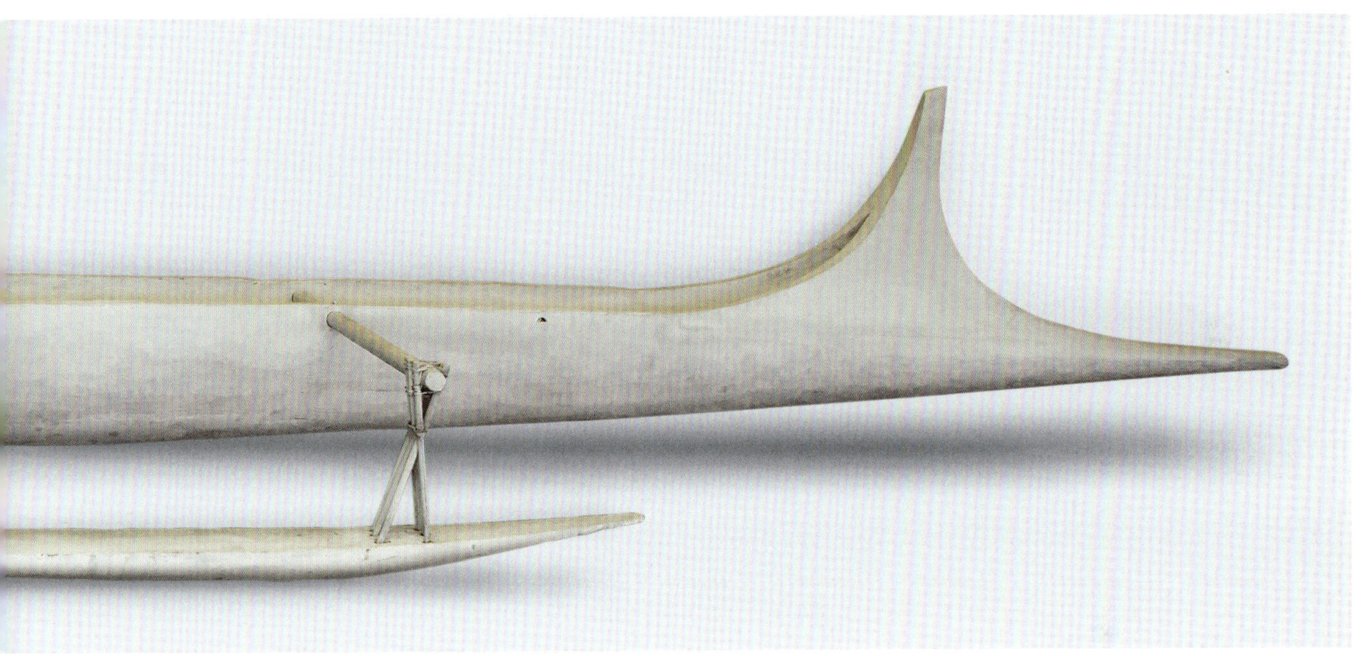

Vorwärts- oder Rückwärtsgang? Das gekalkte Boot ist so gestaltet, dass es in beide Richtungen gepaddelt werden kann. Es stammt von Wuvulu, einer der Westlichen Inseln des Bismarck-Archipels. Auf diesen Inseln beherrschten es die Handwerker meisterhaft, Holz zu bearbeiten. Zu den Zeugnissen ihres großen Könnens gehören Boote in besonders schlichten und eleganten Formen und von hervorragender handwerklicher Ausführung. Die Menschen bauten dort auch Holzhäuser so perfekt, dass sie moskitosicher waren.
Das hatte im frühen 20. Jahrhundert ein Ende, als deutsche Handelsfirmen die Insel übernahmen und die meisten Bäume fällten. Als Teil des Schutzgebietes Deutsch-Neuguinea wurde die Insel 1907 an die Handelsfirma von H. R. Wahlen verpachtet. Schon vorher hatten deutsche Händler auf der Insel diverse Krankheiten eingeschleppt, und Sammler hatten die meisten aus lokalen Materialien hergestellten Objekte gegen billigen Ersatz aus Europa und Asien eingetauscht.
Das Boot mit den besonders schönen, geschwungenen Linien wurde dem Museum 1900 von Bruno Mencke geschenkt. Wie es in seinen Besitz kam, ist nicht bekannt – als Erbe eines Millionenvermögens hatte er es vermutlich im Ethnografika-Handel erworben. Der Abenteurer Mencke initiierte 1900/01 die »Erste Deutsche Südsee Expedition«, auf der er nach Auseinandersetzungen mit Einheimischen verstarb.

Auslegerboot
Wuvulu, Westliche Inseln
vor 1900
74 × 552 × 95 cm
Sammlung Mencke

Maika'i Tubbs
A Life of Its Own
(Ein Eigenleben)
O'ahu, Hawai'i
(vollendet in Hannover 2015)
Rankenskulptur aus Plastik
ca. 150 × 150 cm

Plastik überschwemmt die Welt

Schön und bizarr windet sich die weiße Ranke mit ihren Blüten. Sie ist der Holzrose (*Argyreia nervosa*) nachempfunden, die von Europäern eingeschleppt wurde, inzwischen die heimische Flora überwuchert und diese zu ersticken droht. Ebenso unauffällig wie das natürliche Vorbild – grün in grüner Umgebung – ist auch die weiße Plastikranke vor weißem Hintergrund.
Schön und zerstörerisch. Geformt aus Artikeln des täglich anwachsenden Müllbergs – Plastiktellern und Plastikbesteck.
Die zunehmende Menge an Plastikabfall ist eine Folge der Moderne. Auf den großen Ozeanen bilden sich in riesigen Strudeln Inseln daraus, die teilweise doppelt so groß sind wie Deutschland. Plastikmüll entsteht auch täglich auf der Inselkette Hawai'i, wo Hotels zum Teil ihr Essen auf Plastikgeschirr mit Plastikbesteck anbieten, welches einfach im Müll entsorgt wird. Dies spart Personalkosten. Tellerwäscher werden nicht mehr benötigt, und der amerikanische Traum wird so zum Alptraum. Der Künstler Maika'i Tubbs thematisiert in seinen Arbeiten die Müllproblematik auf seiner Heimatinsel O'ahu.

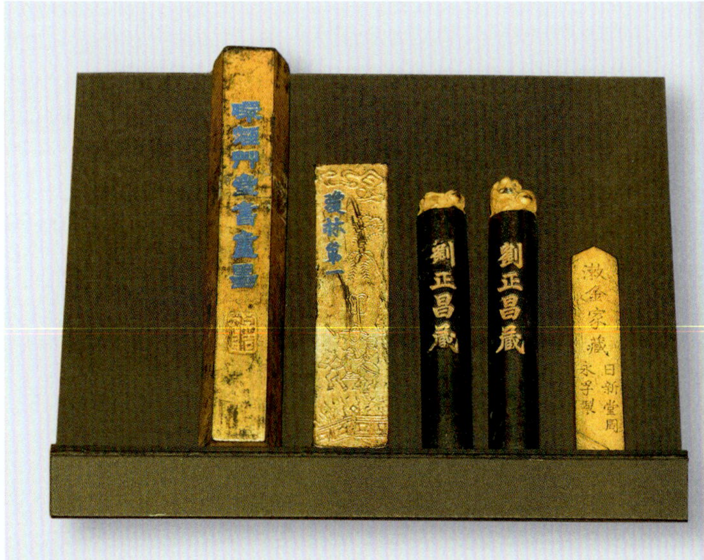
劉正昌藏
劉正昌藏

Kalligrafie-Utensilien, Tisch, Stuhl und Beistelltisch mit Räuchergefäß
Japan für den chinesischen Markt
1. Hälfte 20. Jh. und 21. Jh.
Sammlung Wilke, Ankauf 2015
und Sammlung Bahlsen

Reibstein mit Unterlage
China, vor 1853
ca. 12,1 × 9,2 × 1,5 cm
Sammlung König Ernst August
dabei: **Tuschestück**
China, vor 1914
4,2 × 1,8 × 0,9 cm
Sammlung Oppermann

Fünf Tuschestäbe
China, vor 1914
Länge des größten Stabes:
11,1 cm, Durchmesser: 1,5 cm
Sammlung Oppermann

Mit Kostbarkeiten Kostbares erzeugen

Tusche, Reibstein, Pinsel und Papier: Diese »vier Kostbarkeiten« spielen im chinesischen Schreib- oder Studierzimmer eine wichtige Rolle. Es handelt sich um die Utensilien zur Anfertigung kalligrafischer Werke – also von Schriftkunst. Hinter jeder dieser Kostbarkeiten steht eine lange kunsthandwerkliche Tradition. Ganze Herstellerdynastien entstanden, und Namen von guten Produzenten bürgen teilweise schon seit Jahrhunderten für höchste Qualität.
Die Schrift ist in China nicht nur eine reine Kommunikationsform – die »Kunst des schönen Schreibens« wird hier seit Jahrhunderten als bedeutsam erachtet und hoch geschätzt. Geschaffen wurde diese oft in einem speziellen Studierzimmer, einem Ort der Ruhe, an dem man sich der Literatur oder der Malerei widmen konnte. Anmutung und Einrichtung des Raumes entsprechen dem Ideal schöngeistiger Beschäftigung.
Was macht die chinesische Schrift so besonders? Sie entstand aus abstrahierten Bildern – sogenannten Piktogrammen. Daher ist in den Buchstaben noch immer eine abbildende Qualität enthalten und Kalligrafie und Malerei gelten als gleichwertig.
Doch in der Schriftkunst zeigt sich noch mehr: Der Künstler muss zunächst sorgfältig vorausplanen und den Plan dann im gesetzten Rahmen kraftvoll und zielstrebig ausführen – Eigenschaften, die auch ein guter Anführer haben sollte. So glaubt man, dass sich Führungsqualitäten aus Schriftbildern ablesen lassen.

Der »Einarmige Bandit« aus dem Fernen Osten

Schreibmaschine
China, Ende 1970er Jahre
68 × 45 × 36 cm
Sammlung Zhiyou

Fünfundachtzigtausend! In der chinesischen Schrift, eine der ältesten der Welt, gibt es etwa 85 000 Zeichen. Diese große Anzahl ergibt sich, weil sie eine Wort- und keine Buchstabenschrift ist. Für den täglichen Bedarf, etwa das Lesen einer Zeitung, genügt allerdings eine Kenntnis von circa 3 000 bis 4 000 Zeichen. Für eine derartige Zeichenmenge eine Schreibmaschine zu entwickeln, stellte natürlich eine große technische Herausforderung dar.
Der Lieferumfang dieser Schreibmaschine umfasst über 3 000 Lettern, aus denen mit nur einem Hebelarm die jeweils benötigte Type ausgewählt wird. Mit Übung lässt sich dabei eine Geschwindigkeit von 15 Zeichen pro Minute erreichen. Da jedes für eine bedeutungstragende Silbe oder ein ganzes Wort steht, ist dies beinahe ebenso schnell wie das Tippen eines Textes in einer europäischen Sprache auf einer in Europa üblichen Schreibmaschine.
Chinesische Schreibmaschinen sind kaum in Museumssammlungen zu finden – offensichtlich befand sie lange Zeit niemand als sammelwürdig. Da wir inzwischen jedoch im digitalen Zeitalter angekommen sind, sind diese Maschinen aus Druckereien und Zeitungsbüros verschwunden und entsprechend selten. Computer und Handys werden anders genutzt: Man gibt dort die jeweilige Lautentsprechung des gewünschten chinesischen Buchstabens in *Pinyin* (Lautschrift in europäischen Zeichen) ein und erhält das entsprechende chinesische Zeichen.

Personifizierte Kampfkunst

Im 8. Jahrhundert bildete sich in Japan ein eigener Kriegeradel heraus, dessen Macht sich mit dem Aufstieg von Clan-Führern und Territorialfürsten (*Shogune*) festigte: die Samurai (jap.: *bushi*). Sie besaßen ein eigenes Wertesystem, das *Bushido*, das ethische Regeln sowie Grundsätze der Kampfkunst umfasste. Mit der waffentechnischen und strategischen Modernisierung der kaiserlich-japanischen Armee endete im 19. Jahrhundert die Ära der Samurai. Aus dieser Zeit stammt unsere Rüstung.

Eine Rüstung trug der Samurai nur im Kampf, ihre zum Teil prächtige Ausstattung verriet seinen Rang und war Ausweis für die Kunst der Gold- und Messingschmiede im Gefolge des Kriegers. Sie bestand aus verschiedenen Materialien: Helm, Brustpanzer und Gesichtsmaske – oft als furchteinflößende Fratze mit künstlichen Bärten ausgeführt – wurden in der Regel aus Metall gefertigt. Der Hüft- und Oberschenkelschutz, die Armschienen, die Schulterplatten und die Ober- und Unterschenkelschienen bestanden aus Bambus oder mehrfach geschichtetem Leder. In ihnen konnte das Schwert des Gegners steckenbleiben, während es an Helm, Maske und Brustpanzer abgleiten sollte.

Das »Schwert der Samurai« ist Waffe, Machtsymbol und Kunstwerk zugleich – und Inbegriff der japanischen Waffenkunst. Neben der meisterlich gefertigten Klinge, für die es eigene Schmiede gab, zeugen davon auch weitere Elemente wie der Griff des Beimessers, die Klingenzwinge und der Griffknauf.

Eine besondere Objektgruppe sind die Schwertstichblätter. An ihnen lassen sich materielle und technische Innovationen ablesen, wie die Entwicklung von Eisen hin zu diversen Bronze- und Kupferlegierungen und schließlich auch zur Einbeziehung von Gold und Emaille. In Zeiten des Friedens konnten die Meisterschmiede ihrer künstlerischen Phantasie freien Lauf lassen. Die Designs reichen von abstrakten Mustern bis zu opulenten Bildwelten, mit Szenen aus Mythen, Sagen und Alltagssituationen.

Samurai-Rüstung mit Schwert
Japan, 19. Jh.
160 × 70 × 40 cm
Sammlung Wrede (Eigentum der Stadt Hannover) und Herkunft unbekannt

Grabstelen (*aloalo*)
Mahafaly, Madagaskar,
2. Hälfte 20. Jh.
196 × 20 × 16 cm und
186 × 17 × 16 cm
Sammlung
Schomerus-Gernböck

Hölzerne Bilder für die lebenden Toten

Ganz oben auf den geometrischen Figuren sitzen Vögel und steht ein Rind. Obwohl die aus Holz geschnitzten Stelen auf Gräbern aufgestellt waren, ist die auf der einen Stele dargestellte Frau kein Porträt einer Verstorbenen. Die Tiere und Menschen, manchmal auch die Alltagsszenen, die sich auf diesen Grabstelen der Mahafaly finden, stellen vielmehr in übertragender Weise einen Bezug zu deren Leben her. Die Ornamente können als Sonnenkreis, Monde und Gestirne gedeutet werden, und das Rind verweist vielleicht darauf, dass die verstorbene Person ein guter Rinderzüchter war.
Das Familiengrab ist der dauerhafte Wohnsitz eines jeden – nur vorübergehend wohnt man auf Erden an anderem Ort. Nach dem Tod ist man wieder vereint mit den Geistern der Vorfahren, die sich weiterhin in der Nähe ihrer Grabstätten auf dem Land der Ahnen aufhalten, welches das spirituelle Zentrum jeder Familie darstellt.
Für viele Madagassen bedeutet der Tod einen Übergang in eine andere Form des Lebens. Die Seelen der kürzlich Verstorbenen spielen fortan eine wichtige Rolle als Vermittler zwischen den Menschen und dem Schöpfergott und dienen der Kommunikation zwischen den lebenden und den toten Mitgliedern einer Familie.
Ihre Grabanlagen variieren in ihrer Gestalt und Größe je nach Region und Wohlstand der Familiengruppe. Bei den Mahafaly im Südwesten der Insel bestehen sie aus rechteckig aufgeschichteten Steinen. Darauf liegen Schädel oder Hörner von geopferten Zebu-Rindern, und für wichtige Persönlichkeiten werden auf den Gräbern zudem solche großen aus Holz geschnitzten Stelen (*aloalo*) aufgestellt.

Heirat 138

Will ein Mann heiraten, so wählt er eine
aus seiner Verwandtschaft oder Freunde aus,
der [illegible] und mit der Familie
[illegible] bei der [illegible] vertraut ist.
[illegible] geht zu den Eltern des jungen
Mädchens und sagt:
Das ist die Botschaft des .... Sohn des ...
Er [illegible] und um ein junges Mädchen
der Familie des ... zu fragen.
Er [illegible] um sie zur Frau zu holen und
nicht als Konkubine, um ein Haus zu
bilden und Nachkommen [illegible]
zu [illegible]. Wenn diese Botschaft
positiv aufgenommen wird, antwortet die Familie:
Wir, hier, sind nicht im Stande ein Mädchen
zu [illegible]. Wenn es nicht hier ...
~~[illegible]~~ der Familie ... ist, wer wird
sie zur Frau holen?

Wir sind [illegible] [illegible], dass sie
nicht als Konkubine gebraucht wird.
(hier wird die Rede des Abgesandten wiederholt) Wir nehmen die Botschaft an.
[illegible], geht gut acht. Es ist ein
[illegible] in Ordnung, aber wenn
seine Kleidung notwendig ist, [illegible]
nicht die Braut ab [illegible]
[illegible], oder [illegible] die Augen [illegible], [illegible]
sie so zurückkehren, wie sie gekommen
ist.

Bei der Kleidung wird der Preis in
drei Teile geteilt. (Kitay télopan dolawn)
1 Teil bekommt die Frau, 2 Teile der
Mann. ([illegible]), wenn die Verhandl.
abgeschlossen ist, hält der junge Mann die Braut.
Aber bevor sie abreist muss sie
mit anderen jungen Mädchen ein
Wettrennen halten.

Wichtiges Begleitmaterial

Feldtagebuch
der zweiten Feldforschung
von Lotte Schomerus-Gernböck
genutzt in Madagaskar
1963–1964
15,8 × 21 × 2,2 cm

Im 20. Jahrhundert bekam die Beschäftigung mit anderen Völkern und Kulturen solidere wissenschaftliche Grundlagen. Eine wichtige Methode ist bis heute die Langzeit-Feldforschung und die dabei angewandte »teilnehmende Beobachtung«. Während man bei einer Gruppe lebt und mit den Mitgliedern den Alltag teilt, erforscht man deren Lebensweise und erfährt wesentlich mehr, als es durch einfache Befragung der Fall wäre. Man er-»lebt« sich die andere Weltsicht sozusagen.

Die Sammlung der Ethnologin Lotte Schomerus-Gernböck ist bei solchen Feldforschungen entstanden. Im Laufe vieler Aufenthalte hatte die Forscherin intensiven Kontakt mit unterschiedlichen Gruppen auf der Insel Madagaskar, welche vor der ostafrikanischen Küste liegt. Ab 1961 arbeitete sie dort über drei Jahrzehnte lang mit den Menschen und baute so eine intensive Beziehung auf, speziell zu den Mahafaly im Südwesten der Insel. Dort ist sie noch immer als *neneney* – »unsere Mutter« – in Erinnerung. Für ihre Arbeit erhielt Schomerus-Gernböck sogar den Verdienstorden der Republik Madagaskar.

Von ihren umfangreichen und sehr systematischen ethnografischen Sammlungen hat das Museum in Hannover eine große Auswahl erhalten. Durch diese Objekte sind viele Lebensbereiche der Madagassen abgebildet. Dazu kommen Tonaufnahmen, Fotos, Dias und Filme, in denen teilweise die Stücke in ihrem ursprünglichen Kontext zu sehen sind, und nicht zuletzt Feldnotizen, Tagebücher und Publikationen. Hiermit lassen sich die Objektgeschichten rekonstruieren, Künstler identifizieren und das Leben in den Orten, welche die Ethnologin aufsuchte, erspüren. Das alles macht ihre Sammlung für das Museum besonders wertvoll.

8374.
West-Afrika
Fanggebiet.

Colon-Figur
Kamerun? (Kuyu, Rep. Kongo?)
Afrika, vor 1911?
Höhe: 70 cm, Durchmesser: 15 cm
Sammlung von Puttkamer?,
Ankauf Konietzko 1930

Der Blick zurück

Die bemalte Holzfigur stammt aus Zentralafrika, aber stellt sie einen Einheimischen dar? Ihr weißes Gesicht könnte darauf hindeuten, dass ein Europäer gemeint ist, der Kleidung nach kann es sich auch um einen indigenen Soldaten der kolonialen Hilfstruppe handeln. Schon bald nach den ersten Kontakten mit Menschen aus fernen Gegenden entstanden in Afrika Darstellungen des Fremden – von Europäern, Asiaten und auch von Afrikanern in Kleidung oder Uniform der Kolonisten. Sie wurden schnell Teil des örtlichen Lebens, standen als Wächter bestimmten Zeremonien vor oder fanden Verwendung in medizinischen Riten lokaler Heiler. So haben solche Figuren geholfen, das Fremde und das in der Kolonialhierarchie Übergeordnete in einen lokalen Kontext einzubinden.

Der afrikanische Blick auf die Neuankömmlinge erzählt ein Stück Kolonialgeschichte aus anderer Perspektive. Er ist ein Zeichen der Annäherung und der Auseinandersetzung mit dem Unbekannten.

Die Figur wurde laut Eingangsbuch des Museums im Jahr 1930 im Kunsthandel gekauft. Briefen des Händlers zufolge wurde sie jedoch 1911 am Königshof von Bamenda in Kamerun von der deutschen »Schutztruppe« unter Gouverneur von Puttkamer bei einer Strafexpedition requiriert. Das kann nicht stimmen, denn Gouverneur von Puttkamer war bereits 1907 nicht mehr in Kamerun. Dem Stil nach zu urteilen stammt sie ursprünglich wohl aus dem Gebiet der heutigen Republik Kongo. Die Figur wirft also noch viele Fragen auf, und ihre Objektbiografie muss weiterhin erforscht werden.

UTAWALA-
WA
KIJERUMANI
AFRICA
MASHARIKI
BY. CHARINDA

Hier geht's lang?

Ein Weißer lässt sich von vier Einheimischen auf einer Sänfte tragen. Er weist nicht nur mit einer Hand den Weg, sondern zeigt auch mit seiner Pistole deutlich, wo es langgeht. Hier ist vermutlich Carl Peters dargestellt, der Ende des 19. Jahrhunderts mit zweifelhaften Verträgen große Gebiete für die Kolonie Deutsch-Ostafrika zusammenraffte und diese im Anschluss auf grausame Weise regierte. Im deutschen Reichstag wurde er deswegen als »Hänge-Peters« bezeichnet, in Afrika war er als *mkono wa damu*, als »Mann mit den blutigen Händen« bekannt.

Angefertigt wurde das Gemälde in einer speziellen Technik und einem besonderen Stil: der Tingatinga-Malerei. Dies ist eine nach Edward Saidi Tingatinga benannte tansanische Kunstform, die sich ursprünglich durch eine bestimmte Materialität auszeichnete: Gemalt wurde zunächst ausschließlich auf quadratischen Hartfaserplatten mit farbintensiven Lacken – meist Fahrradlacken.

Der 1947 im südlichen Tansania geborene Charinda begann 1975 mit dieser Form der Malerei und war im Jahr 1989 einer der ersten Tingatinga-Künstler, die auch Leinwand als Untergrund verwendeten. Seine Motive sind meist der unmittelbaren Lebenswelt entnommen, häufig finden sich Darstellungen von Tieren, oft auf besondere Weise zueinander gruppiert und mit einer beinahe übernatürlichen, ruhigen Ausstrahlung. Er behandelt jedoch auch zeitpolitische oder historische Themen wie in diesem Gemälde, das sich auf die deutsche Kolonialzeit bezieht und pointiert auf dieses unrühmliche Kapitel der deutsch-afrikanischen Geschichte verweist.

Mohamed Wasia Charinda
Utawalawa Kijerumani
Africa Mashariki
(Verwaltung Deutsch-Ostafrika)
Tansania, Afrika vor 2009
62 × 62 cm
Ankauf 2009

41 Geschichten aus den
kunst

welten

Leid und Triumph

Kruzifix aus Nettlingen
Niedersachsen, um 1120 (?)
Laubholz
Kreuzhöhe: 280 cm,
Korpus: 192 × 150 cm

Das Christentum hat sich Zeit gelassen, bis es dreidimensionale Skulpturen im Kirchenraum zugelassen hat. Lange fürchtete man ein Wiederaufleben des antiken »Götzendienstes«, also die kultische Verehrung des Bildes anstelle des Abgebildeten. Seit der Wende zum 10. Jahrhundert, in ottonischer Zeit, entstehen jedoch zunehmend Großplastiken von besonderer Eindringlichkeit. Im Kirchenraum werden Skulpturen des Gekreuzigten und der thronenden Gottesmutter zu wichtigen, die Andacht wesentlich unterstützenden Ausstattungsstücken.

Bei den großen Kruzifixen der Romanik ist die Veranschaulichung des triumphierenden und zugleich als Mensch leidenden Gottessohnes zentrales Thema: Das Nettlinger Werk, dessen einstige Farbfassung beinahe gänzlich verloren ist, zeigt den toten Christus mit zur Seite geneigtem, auf die Brust gesunkenem Haupt und geschlossenen Augen. Das Gewicht des Körpers zieht die muskulösen Arme (sie wurden im 13. Jahrhundert erneuert) nach unten, der Leib ist zur Seite gesackt, die Realität des physisch Gebrochenen wird anschaulich dargestellt und zugleich subtil überhöht. Das Bildwerk stammt aus der ehemaligen Archidiakonatskirche St. Maria in Nettlingen und dürfte um 1120 in Hildesheim, einem der wichtigsten Kunstzentren der Zeit, geschaffen worden sein.

Gekrönte Seele

Marientod aus Kloster Wennigsen
Niedersachsen
um 1300/1310
Eichenholz
114 × 139,5 cm

Tafelgemälde aus dem frühen 14. Jahrhundert haben sich nur in sehr geringer Anzahl erhalten. Das Altarbild aus dem ehemaligen Augustinerinnenkloster Wennigsen bildet eine Ausnahme, für die Frühgeschichte der deutschen Tafelmalerei ist es von fundamentaler Bedeutung.

An Mariens Bettstatt haben sich die aus allen Teilen der Welt zusammengekommenen Apostel versammelt. Die zentrale Position nimmt der segnende Christus ein, der vom Himmel hinabgestiegen ist, um Marias Seele abzuholen. Im Bild erscheint er in einer blauen Gloriole und umgeben von einem goldenen Strahlenkranz mit der weiß gewandeten Marienseele auf dem Arm – die Krone auf dem Kopf der kleinen Figur spielt auf Marias künftige Bedeutung als Himmelskönigin an. Der Maler des Wennigsener Marientodes orientiert sich an älteren byzantinischen Vorbildern, von dort dürfte auch der die Sterbesakramente spendende Bischof übernommen worden sein, der im Bild zur Rechten Christi mit einem Weihwasserkessel gezeigt wird.

Es ist ein Glückfall, dass sich auch der originale Rahmen des Werkes erhalten hat. Im Mittelalter ergänzten aufwendig gestaltete Rahmen die eigentliche Darstellung oft um wichtige Aspekte, sie waren integraler Bestandteil des Bildes. Hier wird der Rahmen von einer Folge von Heiligen- und Prophetenmedaillons geschmückt, die umlaufenden Sterne verweisen auf die übernatürliche Bedeutung des Geschehens.

frater

Brüder im Geiste

Göttinger Barfüßeraltar
Niedersächsisch, 1424
Eichen- und Fichtenholz
305 × 787 cm (geöffnet)

Auf der Haupttafel des Barfüßeraltars aus der Göttinger Franziskanerkirche entdeckt man inmitten der Menge am Fuße des Kreuzes zwei miniaturhaft kleine Franziskanerbrüder. Mit den Worten »O Hoffnung und Heil derer, die an dich Glauben« richtet sich Luthelmus, der Vorsteher des Franziskanerklosters, an den Gekreuzigten. Sein Begleiter Heinrich von Duderstadt setzt die Anrufung fort: »Erbarme dich unser, die [wir] hier leben« liest man auf seinem Schriftband. Die beiden Männer hatten sich bei der Entstehung des Altars offenbar so große Verdienste erworben, dass sie sich auf ihm verewigen durften; bescheiden im Maßstab und doch an zentraler Stelle im Bild.
Franziskaner oder Barfüßer, wie die Ordensbrüder in der Nachfolge des hl. Franziskus von Assisi genannt werden, hatten sich zum Ideal der Armut verpflichtet; eigener Besitz war ihnen verwehrt. Durch ihre vorbildliche Enthaltsamkeit erhielten sie jedoch umfänglich Stiftungen des Adels und des immer wichtiger werdenden Bürgertums. Auch davon gibt das Göttinger Werk Zeugnis: Klappt man das innere Flügelpaar zu, wird eine Folge von Aposteln sichtbar. In ihren Büchern liest man das Glaubensbekenntnis, das während der Messfeier gesprochen und gebetet wird, um Sterbende im Angesicht des Todes im Glauben zu stärken. Am unteren Bildrand ist jedem Jünger ein Wappen zugeordnet. Den vornehmsten Platz nimmt ganz links, zu Füßen des Apostelfürsten Petrus, der Herzog von Braunschweig-Lüneburg ein, ihm folgen Vertreter des ihm verbundenen Adels.
Die Auftraggeber und »Programmverantwortlichen« mittelalterlicher Kunstwerke bleiben oft anonym, auf dem Göttinger Retabel treten sie jedoch deutlich wie sonst kaum in Erscheinung, bringen ihren Wunsch nach fürbittendem Andenken zum Ausdruck und präsentieren sich als starke, politisch wirksame Gemeinschaft in der Nachfolge der zwölf Apostel. Bruder Luthelmus wird übrigens noch ein weiteres Mal genannt: Im geschlossenen Zustand trennt eine Inschrift die einzelnen Bildfelder. Ihr ist zu entnehmen, dass das Werk am 24. Mai 1424 unter seiner Amtsschaft aufgestellt wurde.

Schatztruhe oder Bilderbibel?

Die Goldene Tafel
aus St. Michaelis in Lüneburg
Niedersächsisch, um 1425
Eichenholz
Flügel je 231 × 184 cm

Zum kostbarsten Besitz des Landesmuseums zählt ein Hauptwerk der Kunst des frühen 15. Jahrhunderts, die sogenannte Goldene Tafel aus der Benediktinerklosterkirche St. Michaelis in Lüneburg. Das Landesmuseum bewahrt die Flügel des ehemals doppelt wandelbaren Altars. Auf den Außenseiten erblickt man als monumentale Einzelszenen die Kreuzigung Christi und die Aufrichtung der Ehernen Schlange, die hier als Vorausweisung auf den Kreuzestod zu verstehen ist. Klappte man die Flügel auf, so breitete sich in strahlenden Farben und vor goldenem Grund ein über drei Register verteilter Bilderzyklus aus dem Leben Jesu und seiner Mutter Maria aus; die einzelnen Stationen der Heilsgeschichte konnte der Betrachter in dieser Ansicht wie in einem Bilderbuch studieren.
Ganz geöffnet wurde der Altar nur an besonderen Feiertagen. Dann wurde in dem reich mit gotischem Maßwerk ausgestatteten Schrein eine Zusammenstellung kostbarer Gegenstände sichtbar: Ein goldummanteltes Relief aus dem Hohen Mittelalter sowie, kunstvoll um dieses herum angeordnet, der reiche Kirchenschatz der altehrwürdigen Benediktinerabtei. Ende des 16. Jahrhunderts fielen die vergoldeten Reliquiare einem spektakulären Raub zum Opfer; später hat man das Ensemble aufgelöst und die einstige Mitte des Altars entsorgt. Erhalten blieben jedoch die prachtvollen Flügel mit reich vergoldeten Skulpturen in aufwendiger Maßwerkarchitektur. Neben der Gottesmutter erblickt man die zwölf Apostel sowie eine Auswahl von Heiligen, die für das Kloster von besonderer Bedeutung waren. Leicht zu erkennen ist zum Beispiel der Erzengel Michael, der Patron der Michaeliskirche in Lüneburg, der im linken Flügel über das Böse in der Gestalt eines Drachens triumphiert.

CAVE MISER·NE MEO TE CONFIXVM·TELO IN HOC TETRO COLLOCEM FERETRI LECTO: ANNO·1·5·0·2·

Albrecht Dürer
(1471–1528)
Der reitende Tod
als Bogenschütze
um 1502
Feder auf Pergament
38,8 × 31,3, cm

Hüte dich, Unglücklicher!

In die Form eines Dreipasses eingepasst, gibt sich die Komposition als Entwurf für eine Glasscheibe zu erkennen. Aus dem Nürnberger Atelier Albrecht Dürers sind eine ganze Reihe solcher Scheibenrisse erhalten. Hier reitet der Tod, nur mit einem dürftigen Tuch bekleidet, auf einem abgemagerten, sich müde voranschleppenden Klepper. Die skelettierte Gestalt fixiert eifrig ihr Ziel, einen der Tod bringenden Pfeile wird sie wohl gleich abschießen, weitere stehen in dem gut gefüllten Köcher bereit. Die umlaufende lateinische Inschrift gibt dem düsteren Reiter auch eine Stimme: »Hüte dich, Unglücklicher, dass ich dich, von meinem Geschoss durchbohrt, nicht auf dieses abscheuliche Lager der Totenbahre bette«, ruft der Reiter seinem Gegenüber entgegen.

Zu Dürers feinzeichnerisch in dunkler Tinte ausgeführtem Blatt hat sich ein Pendant im Germanischen Nationalmuseum in Nürnberg erhalten: Es zeigt den Nürnberger Propst Dr. Sixtus Tucher vor seinem eigenen Grab. An ihn richteten sich also die mahnenden Worte – und er ist es, auf den der Reiter mit hochgerissenem Arm seinen tödlichen Schuss ansetzt.

In Zeiten wütender Pestepidemien wollte man auf den Tod vorbereitet sein. Zwei nach den Zeichnungen ausgeführte Glasgemälde hatte der Nürnberger Propst immer vor Augen; sie schmückten die Fenster in seinem Arbeitszimmer und mahnten ihn täglich vor den Gefahren der Pest und der eigenen Vergänglichkeit. Albrecht Dürers grandioser Scheibenriss ist nur eine von vielen Zeichnungen, die das Kupferstichkabinett Hannover zusammen mit unzähligen druckgrafischen Arbeiten bewahrt.

Tilman Riemenschneider
(1460–1531)
Weibliche Heilige
um 1510
Lindenholz
42 × 38 cm

Die schöne Heilige

Die Landesgalerie bewahrt ein lange wenig beachtetes Meisterwerk Tilmann Riemenschneiders. Die unbekannte Heilige mit dem prunkvollen Kopfputz ist aus weichem Lindenholz geschnitzt, das sich hervorragend für die differenzierte Ausgestaltung stofflicher Qualitäten eignet. Tatsächlich ist die unterschiedliche Beschaffenheit der verschiedenen Oberflächen überaus gekonnt zur Anschauung gebracht: Die Stoffe der reichen Kleider formen um den Halsausschnitt herum ein fein strukturiertes Relief, der turbanartige Kopfputz, das verhalten aufflatternde Ende des Schleiertuchs, eine mit Perlen besetzte Schließe und nicht zuletzt das in fein strukturierten Wellen niederfallende Haar rahmen und beleben den von würdevollem Ernst getragenen Gesichtsausdruck der jungen Frau.
Heute steht uns die versonnen blickende Heilige als Büste gegenüber, ursprünglich aber dürfte es sich um eine stehende Ganzfigur gehandelt haben, die ein früher Sammler unten abgesägt und so zur Büste umfunktioniert hat.
Bis in die 1930er Jahre galt die unbekannte Heilige als eine der »schönsten Schöpfungen« des Würzburger Bildschnitzers. Dann aber verschwand das Werk zunehmend aus dem Blickfeld der Forschung, und erst in den vergangenen Jahrzehnten wurde es gleichsam wiederentdeckt. Dank der großzügigen Unterstützung einer Gruppe engagierter Frauen aus Würzburg und Hannover konnte das Werk im Jahr 2003 restauriert werden – ein schönes Beispiel für bürgerschaftliches Engagement, das Riemenschneiders unbekannte Heilige zu neuem Leben erweckt hat.

QVI CERNIS TANTVM NON, VIVA MELANTHONIS ORA.
HOLBINVS RARA DEXTERITATE DEDIT.

Hans Holbein der Jüngere
(1479/98–1543)
Philipp Melanchthon
um 1535
Laubholz
Durchmesser: 9 cm

Miniatur-Reformator

Das kleine Rundbild funktioniert wie eine Dose. Nimmt man den Deckel ab, wird im Boden des unteren Teils das Porträt des Reformators und Humanisten Philipp Melanchthon sichtbar. Die gelehrte Inschrift in dem mit reichen Renaissanceornamenten gefüllten Deckel informiert über die Identität des Dargestellten, spricht den Betrachter direkt an und lobt den Künstler, der das Werk geschaffen hat: »Der Du die Gesichtszüge Melanchthons erblickst, als wären sie beinahe lebendig. Holbein hat sie mit außergewöhnlicher Geschicklichkeit geschaffen.« Solche Kapselbilder, die in ihrem Format deutlich an die in der Renaissance wiederentdeckte Tradition der antiken Porträtmünzen erinnern, waren als Geschenke unter Kunstkennern und Anhängern der Reformation beliebt. Aus der Werkstatt Hans Holbeins gingen eine ganze Reihe derartiger Bildnisse hervor. Kostbar in der Ausführung und schön in der Hand zu halten, messen sie sich mit zeitgleichen Bildnismedaillen und erreichen durch ihre Ausführung im Medium der Malerei doch ein viel höheres Maß an Wirklichkeitsnähe. Das Porträt Melanchthons, der in Wittenberg Griechischprofessor und ein enger Mitstreiter Martin Luthers war, stammt aus kurfürstlich hannoverschem Besitz und entstand vermutlich in Holbeins englischer Schaffenszeit. Kennengelernt hat Holbein den großen Reformator nie. Sein Bildnis stützt sich auf Darstellungen Albrecht Dürers und Lucas Cranachs.

Der heilige Büßer

Jacopo Pontormo
(1494–1557)
Der heilige Hieronymus als Büßer
um 1528/29
Öl auf Pappelholz
105 × 80 cm

Im 19. Jahrhundert wurden in Hannover eine ganze Reihe bedeutender Privatsammlungen zusammengetragen, unter anderem die des Juristen und Botschafters beim Papst in Rom, August Kestner. Aus seinem Besitz stammt auch Jacopo Pontormos Gemälde »Der heilige Hieronymus als Büßer«, das einzige Bild dieses herausragenden Malers des Florentiner Manierismus in einem deutschen Museum.

Pontormo zeigt den büßenden Eremiten in einer radikal neuen Interpretation: Nicht der greisenhafte Kirchenvater, sondern ein athletischer Jüngling in spannungsreicher körperlicher Drehung wird dem Betrachter vor Augen geführt. Den roten Kardinalsmantel und den Kardinalshut hat Hieronymus demutsvoll abgelegt, um am Boden kniend und mit gebeugtem Oberkörper vor dem unscheinbar am linken Bildrand aufgestellten Kreuz Buße zu tun. Beobachtet wird er dabei von einem Löwen, den er der Legende nach zähmte, indem er ihm einen Dorn aus der Tatze zog. Die machtvolle Inszenierung des athletischen, das Bildfeld nahezu gänzlich ausfüllenden Körpers wird hier zum Ausdruck der tugendhaften Stärke des büßenden Heiligen.

Pontormos Gemälde blieb unvollendet und offenbart heute, wie der Maler sein Sujet noch im Malprozess immer wieder überarbeitete und neu durchdachte. Am Körper des Heiligen waren ursprünglich weitere Malschichten vorgesehen, und das nur äußerst summarisch angelegte landschaftliche Umfeld wollte der Künstler wohl erst in einem letzten Schritt finalisieren.

Wie in Stein gemeißelt

Agnolo Bronzino
(1503–1572)
Idealbildnis eines Jünglings
um 1545
Öl auf Pappelholz
59 × 44 cm (oval)

Agnolo Bronzino, ein Schüler und Freund Jacopo Pontormos, war in den 1540er Jahren der bevorzugte Bildnismaler am Hof der Medici in Florenz. Seine Porträts sind von würdevoller Distanziertheit und kühler Eleganz, in ihrer brillanten malerischen Ausführung und ihrer ausgewählten Farbigkeit ziehen sie den Betrachter noch heute in den Bann.

Der Jüngling in Hannover erscheint durch die ovale Bildform in einem Ausschnitt, wie er für antike Herrscherbüsten im Medium der Skulptur üblich war. Vor dem dunklen Fond tritt der athletische Körper ungemein plastisch hervor, und das von links einfallende Licht modelliert einige Hautpartien, als wären sie tatsächlich aus Marmor. Bronzino sucht also gekonnt den Vergleich mit der Nachbargattung Skulptur und lässt dennoch keinen Zweifel, dass es sich um ein gemaltes Bild handelt. Bei aller Strenge und Kühle blitzt hier und da auch ein besonders sinnliches Moment auf: So enthüllt das leuchtend rosafarbene Tuch den makellos gemalten Körper eher, als dass es ihn verhüllt, und mit der nur halb verdeckten Brustwarze tritt ein dezidiert erotischer Akzent in die Darstellung.

Ob es sich bei dem Jüngling um das Porträt einer tatsächlichen Person oder um ein reines Idealbildnis handelt, lässt sich nicht mehr mit Bestimmtheit sagen.

Venus in der Falle

Bartholomäus Spranger
(1564–1611)
Bacchus und Venus
Öl auf Leinwand
172 × 114 cm
Dauerleihgabe der Bundesrepublik Deutschland

Das linke Bein nach vorn gestellt, schmiegt sich der sichtlich erregte Bacchus an die schöne Venus. Er umfasst sie und berührt ihre Brust, mit der Rechten hält er den emporgenommenen Arm der makellosen Liebesgöttin, die wiederum wie benommen auf die überlaufende Weinschale in ihrer Hand blickt. Spranger konstruiert in seiner ausgetüftelten Komposition ein heikles Gleichgewicht: Der Gott des Weines verführt die Göttin der Liebe; das ist – so die stark verkürzte Botschaft des Bildes – prickelnd und schön, birgt aber auch Gefahren, die dem kundigen Betrachter in einem gelehrten Sinnbild veranschaulicht werden: Links zeigt sich ein Gepard, dahinter versorgt der Knabe Cupido eine Antilope, die bevorzugte Beute des Raubtiers, mit saftigen Trauben. Der Wein wird das scheue Tier, das hier für Venus steht, arglos und unachtsam machen, ein gefundenes Fressen für das Raubtier, das dem Gott des Weines als Attribut häufig beigegeben ist.
In der exklusiven Fürstenwelt des späten 16. Jahrhunderts richtet sich die Kunst an einen Kreis von Kennern und Eingeweihten: Begebenheiten aus der antiken Geschichte und der klassischen Mythologie sowie ausgefallene allegorische Darstellungen waren genauso geschätzt wie hintersinniger Witz und offen zur Anschauung gebrachte Erotik. Als Hofmaler Kaiser Rudolfs II. bekleidete Bartholomäus Spranger in Prag ein wichtiges Amt und bediente eine Kundschaft, die sich einen Spaß daraus machte, die vielschichtigen Anspielungen in seinen Bildern zu entschlüsseln.

Rubens' oder Gottes Sohn?

Peter Paul Rubens
(1577–1649)
Madonna mit dem stehenden Kind
um 1615/20
Öl auf Eichenholz
63,5 × 47 cm

Ein splitternackter, strohblond gelockter Junge mit kindlich geröteten Wangen blickt uns an, im Schutz seiner Mutter scheint er mutig und doch noch ein wenig unsicher auf den eigenen Beinen zu stehen: Der Jesusknabe auf Rubens' Madonnenbild ist von geradezu anrührender Unmittelbarkeit. Diese sehr nahbare und menschliche Ausstrahlung erreichte der Maler vielleicht auch deshalb so überzeugend, weil er für das Gemälde Studien benutzte, die er zuvor von seinem Sohn Albert und seiner ersten Frau Isabella Brandt angefertigt hatte.
Die Darstellung ist aber gleichzeitig voller Symbolik und beziehungsreicher Anspielungen. Rubens knüpft an die lange Tradition halbfiguriger Madonnenbilder an; besonders die Werke Tizians scheinen es ihm angetan zu haben. Und wie diese älteren Bilder enthält auch sein Gemälde eine Vorahnung auf die Passion Jesu: Vor dem dunklen Fond treten das leuchtende Weiß, ein intensives Rot und das verhalten aufschimmernde Blau in Marias Gewand strahlend hervor. Als Person nimmt sich die Gottesmutter bescheiden zurück, ihr dunkles, von einem schwarzen Trauerschleier bedecktes Haar verbindet sich mit der Farbe des düsteren Hintergrunds. Der Kopf und ihr Blick sind in der Vorausschau auf das Kommende demutsvoll nach unten geneigt, und die Berührung zwischen Mutter und Kind kulminiert an eben jener Stelle, an der Christus am Kreuz später die Seitenwunde zugefügt wird. In den katholischen Niederlanden erfreuten sich die Marienbilder des Peter Paul Rubens eines reißenden Absatzes.

Faszination Oberfläche

Gerrit Dou
(1613–1675)
Bildnis eines Mohren
um 1630/35
Öl auf Eichenholz
43,4 × 33,9 cm

Gerrit Dous Gemälde wurden schon früh bewundert und begeistert gesammelt. Der Schüler Rembrandts war einer der erfolgreichsten Maler seiner Zeit, sein Fleiß war legendär – und die Preise für seine international begehrten Bilder waren es auch. Einer seiner Biografen berichtet, dass stets ein Tuch über der Staffelei in Dous Leidener Atelier ausgespannt war, damit sich kein Staubkörnchen auf die feinmalerisch glatte Malfläche lege; ein anderer schreibt, Dou habe seine Pinsel aus demselben Grund stets sicher verschlossen aufbewahrt. Beim Anblick des Bildes in Hannover, auf dem ein junger Schwarzer in orientalischem Kostüm dem Betrachter über die Schulter entgegenschaut, mag man diesen Informationen gern Glauben schenken: Die Haut des Dargestellten hebt sich vor dem dunklen Fond wie strahlend ab, und die Lichtreflexe sind so fein gesetzt, dass uns selbst die kleinste Irritation auf der Oberfläche störend erschiene.

Dou ging es in diesem wie in vielen anderen Bildern weniger um das Porträt einer benennbaren Person, ihn reizte vielmehr das Typische, besonders Bemerkenswerte bestimmter Figuren. In den Niederlanden waren solche Kopfstudien, sogenannte »Tronien«, überaus beliebt. Sie zeigen – wie unser Gemälde – Männer in exotischer Tracht, Soldaten in ausgefallener Kostümierung, die faltigen Gesichter alternder Menschen oder aber besonders attraktive weibliche Schönheiten. Nicht selten fanden diese Studien dann auch in größeren Historienbildern wieder Verwendung.

Instabile Sensation

Willem Kalf
(1619–1693)
Stillleben
um 1655
Öl auf Leinwand
66 × 55,6 cm

Das Stillleben, die kunstvoll arrangierte Anordnung unbewegter Gegenstände, wird im 17. Jahrhundert in den Niederlanden zu einer hoch geschätzten Bildgattung. Die kostbaren Gegenstände und exotischen Früchte auf Willem Kalfs Prunk-Stillleben schmeicheln dem wohlhabenden Haushalt, als virtuos gemalte Kunstwerke sind diese Bilder Ausweis erlesenen Geschmacks. Zugleich mahnen sie in ihrer gesucht instabilen, nur scheinbar zufälligen Zusammenstellung vor der Vergänglichkeit alles Irdischen. Wilhelm Kalf tariert all diese Aspekte in seinem Werk souverän aus. Seine Gemälde schildern und überhöhen die Stofflichkeit der unterschiedlichen Materialien und sind durch eine ganz eigene Lichtregie gekennzeichnet. Ein im tiefen Raumdunkel aufblitzender Pokal, ein über die glatte marmorne Tischplatte gelegter persischer Teppich, die narbige Konsistenz einer hell aufscheinenden Zitronenschale oder die glatte, das Licht hart reflektierende chinesische Porzellanschüssel aus der Zeit des Ming-Herrschers Wan-Li werden bei ihm genauso zur optischen Sensation wie der beiläufig auf dem Tisch liegende Kern einer Frucht.
Als Willem Kalf in den 1650er Jahren in Amsterdam mit dem Malen seiner Prunk-Stillleben begann, wohnte er bei Johan Le Thor, einem bedeutenden Kaufmann und einem der Direktoren der Westindischen Kompanie. Le Thor besaß Gegenstände wie die in Kalfs Bildern, die Sammlung des weithin vernetzten Handelsherrn wird Kalf als Inspiration für seine Bilder gedient haben.

Abraham Bloemaert
(1564–1651)
Schäferszene
1627
Öl auf Leinwand
59,7 × 74,3 cm

Hübsches Hütchen

Abraham Bloemaert brachte seinem niederländischen Publikum die sonnige Welt südlicher Ideallandschaften immer wieder zur Anschauung. Hier verbindet er die mit wenigen, herrlich frischen Farben komponierte Landschaft mit dem seinerzeit beliebten Thema der Hirtendarstellung: Hirte und Hirtin haben sich nah am unteren Bildrand auf einer kleinen Anhöhe niedergelassen. Als Betrachter werden wir Zeuge einer amourösen Annährung, die vom Sonnenlicht effektvoll ausgeleuchtet ist. Bei näherem Hinsehen entpuppt sich das unbekümmerte Beisammensein der beiden jungen Menschen allerdings als handfeste Pikanterie: Der feixend am Boden liegende Hirte schiebt der mit einem blumengeschmückten Basthütchen herausgeputzten Frau seine Flöte unter den Rock, unmissverständlich werden damit seine erotischen Ambitionen deutlich. Solche Hirtendarstellungen mit erotischem Unterton erfreuten sich in den Niederlanden im 17. Jahrhundert großer Beliebtheit und fanden auch in der Druckgrafik weite Verbreitung.
Abraham Bloemaert, der in Utrecht ein erfolgreiches Atelier unterhielt, gilt als Gründervater der sogenannten Utrechter Schule. Nicht nur in den Niederlanden lösten die Maler dieser Bewegung einen wahren Begeisterungssturm für eine Hell-Dunkel-Malerei in der Art des römischen Barock aus. Über 100 Maler sollen ihre Laufbahn in Bloemaerts Werkstatt begonnen haben.

Die Herren im Bade

Michiel Sweerts
(1624–1664)
Badende Männer im Abendlicht
um 1655
Öl auf Leinwand
63,7 × 87 cm

Kurz vor Einbruch der Dunkelheit haben sich einige Männer zum Bad an einem Fluss versammelt. Im nächtlichen Dunkel erkennt man vereinzelte Schwimmer, eine am Ufer sitzende Gestalt und zwei junge, scherzend miteinander ringende Männer. Rechts stößt eine nur schemenhaft auszumachende Gruppe von Neuankömmlingen aus der Dunkelheit hinzu, von der Ausgelassenheit einer Badeszene lässt sich in dem finsteren, ja geheimnisvollen Bild kaum etwas spüren.
Nur die Gestalten vorn erscheinen von gleißendem Licht wie von Scheinwerfern angestrahlt: drei männliche Akte, die sich in klassischen Posen präsentieren und das Antiken- und Aktstudium des Malers buchstäblich zum Programm erheben.
Sweerts, der lange in Rom gelebt hatte, gelang in seinen Werken eine einzigartige Verbindung niederländischer Genrethemen mit der klassischen Bilderwelt der römischen Kunst. Seine koloristisch brillanten Gemälde sind Zeugnis einer intensiven Reflexion über das Verhältnis zwischen Natur und Antike, Malerei und Skulptur. Und so eigenwillig wie seine Bilder ist auch seine Biografie: Aus Rom zurückgekehrt, gründete er in Brüssel zunächst eine einflussreiche Zeichenakademie, bis er schließlich als Laienbruder auf eine Missionsreise nach China aufbrach, wegen unakzeptablen Verhaltens aus der Missionsgesellschaft entlassen wurde und schließlich in Goa an der Westküste Indiens verstarb.

Gemälde mit Tonspur

Jacob Ruisdael
(1628/29–1682)
Hügellandschaft mit Wasserfall
um 1670
Öl auf Leinwand
70,7 × 56,4 cm
Leihgabe Familie
Dr. Amir Pakzad

Jacob Ruisdael ersann Landschaften, in denen man das Wasser »vom einen auf den anderen Stein niederstürzen« und schließlich »mit Geräusch sich verbreiten sieht«. So beschreibt schon Arnold Houbraken in seinen 1718 erschienenen Biografien niederländischer Maler die stimmungsvollen Gemälde mit Wasserfall, mit denen Ruisdael in Amsterdam Aufsehen erregt hatte. Ein aus der Bildtiefe um einen Felsen sich nach vorn schlängelnder Flusslauf wird im mittleren Bilddrittel geteilt, ergießt sich über einer imposanten Felsstufe und schlägt schließlich wild tosend und direkt vor unseren Augen im vorderen Bildgrund auf. Der Gewitterhimmel befördert das gemalte Naturspektakel, und vereinzelte Baumgruppen, knorrige Strünke mit gelb leuchtendem Laub oder entwurzelt im Wasser treibende Baumstümpfe strukturieren das grandios komponierte Gemälde, dessen Hochformat die Wucht des niederstürzenden Wassers einmal mehr unterstreicht. Demgegenüber nehmen sich die Figuren auf dem Weg am Fuß des Felsens und weiter hinten auf einer Brücke winzig und unbedeutend aus. Ruisdael mag sie eingefügt haben, um uns die Bedeutungslosigkeit des Menschen im Angesicht der Natur vor Augen zu führen. Zugleich leiten sie unseren Blick in die Tiefe seiner aufwendig komponierten Phantasielandschaft. Das Motiv des Wasserfalls übernahm der seit 1656 in Amsterdam tätige Jacob Rusidael aus den Gemälden des Allaert van Everdingen. Während dieser jedoch in seinen Bildern auf die Skizzen einer eigenen Skandinavienreise zurückgriff, hat Ruisdael seine flache Heimat allem Anschein nach nie verlassen.

4 1/2
GUTE
PF:

Biermünzen

4½ Gute Pfennig 1691
Herzogtum Braunschweig
und Lüneburg, Fürstentum
Wolfenbüttel
Rudolf August und Anton Ulrich
gemeinsam (reg. 1685–1704)
Kupfer-Silberlegierung
(Billon), 0,905 g
Durchmesser: 18 mm

Schön silbern sieht die Münze aus. Dabei wurde sie aus einer ziemlich geringwertigen Kupfer-Silberlegierung geprägt, deren Silberanteil weniger als die Hälfte beträgt. Bei der Kleinmünzenproduktion machte man sich eine besondere Eigenschaft des Silbers zunutze: In Legierungen ist die Färbekraft des »weißen« Metalls so groß, dass die Münze trotz des hohen Kupferanteils silbern erscheint. »Billon« lautet der Fachbegriff für diese Legierung. Dieser Trick ist eigentlich nichts Besonderes im Geldwesen älterer Zeiten. Viel merkwürdiger ist das Nominal, also der Münzwert von viereinhalb Pfennigen. So etwas gibt es nur in Niedersachsen! Es ist einzigartig in der gesamten Münz- und Geldgeschichte, kommt nur wenige Jahrzehnte vor und hat unmittelbar mit dem Bierverbrauch dieser Zeit zu tun.
Bier war ein wichtiges Grundnahrungsmittel, solange es in den Städten keine ausreichende Versorgung mit sauberem Trinkwasser gab – denn das durch den Brauprozess und den Alkoholanteil gereinigte Getränk enthielt kaum krankmachende Keime. Außerdem diente es der überwiegend körperlich arbeitenden Bevölkerung als Kalorienlieferant. Es hatte allerdings auch einen deutlich geringeren Alkoholgehalt als heutige Rezepturen.
Als 1680 mit der Erhöhung der Biersteuer im Herzogtum Braunschweig-Wolfenbüttel der Preis für einen Liter Bier von 4 auf 4½ Pfennige stieg, führte dies im Alltagsleben zu Problemen, denn es gab keine halben Pfennige als Münzen. Und so begann man nicht nur im Fürstentum Wolfenbüttel »Biermünzen« zu 1½ und 4½ Pfennigen zu prägen. Für andere Zahlungen waren die Münzen unpraktisch und verschwanden deshalb 70 Jahre später endgültig aus den Geldbeuteln und Kassen.

APPARUIT ET FUGAVIT HOSTES IMPERII.
C.S.
EXOPTATA VICTORIA GEOR
GII II. MAG: BRITT: REG
CONTRA GALL: 27 IUN
1743 DETTINGÆ
ORIENTA.

INFLUXUS IN LEONEM NUMINIS, PARAT OBITUM LILIIS
SIEHE ICH WILL UBER
EUCH EINIGES VOLCK
VON FERNE HERBRINGEN EIN
MÆCHTIG VOLCK.
IEREM: C.5.15

Medaille auf die Schlacht bei Dettingen am 27. Juni 1743
Kurfürstentum Hannover/Königreich Großbritannien und Irland
Georg II. August (reg. 1717–1760)
Medailleur: Christian Schirmer (1679–1751)
geprägt in Königsberg (Preußen)
Silber, 58,675 g
Durchmesser: 56 mm

Können Medaillen lügen?

Medaillen sind keine Zahlungsmittel, sondern Gedenkstücke: Sie erinnern mit ihren künstlerisch gestalteten Reliefs an Personen, an historische oder aktuelle Ereignisse. Diese Medaille zeigt die Schlacht von Dettingen (bei Aschaffenburg), in der König Georg II. von Großbritannien und Irland wagemutig seinen Truppen voranritt. So erzählt es die phantasievolle Darstellung. Oder war es etwa anders?

Georg war zu dieser Zeit britisches Staatsoberhaupt und zugleich oberster Heerführer, hatte auf dem Kontinent aber noch eine »Nebenrolle« als Kurfürst Georg August von Braunschweig-Lüneburg (so die staatsrechtlich korrekte Bezeichnung) inne. Die hannoverschen Kurfürsten regierten 123 Jahre lang das Britische Weltreich in Personalunion. Es bestand zwischen Kurfürstentum und Königreich eine staatsrechtliche Trennung.

Bei der Schlacht von Dettingen zeigt sich beispielhaft die Verquickung der verschiedenen Staatsgebilde einer Personalunion, die natürlich zusammengehörten und auch zusammenhielten, besonders wenn Gefahr drohte: Briten, Hannoveraner und ihre Verbündeten siegten 1743 über die Franzosen. Allerdings nahm Georg II. an dem größten Teil der Schlacht gar nicht teil. Der König war vom Pferd gefallen, als ihm dieses durchging. Aber in die Geschichte ist Dettingen dennoch eingegangen: als die letzte Schlacht, an der ein britischer König persönlich teilgenommen hat.

Zwar ist diese Medaille keine offiziell geprägte und diente also nicht direkt der politischen Propaganda des Hofes. Sie wurde von einem der vielen Medailleure hergestellt, die in der besonders medaillenfreudigen Kunstepoche des Barock Medaillen zum Broterwerb herstellten, verlegten und vertrieben. Aber die Verherrlichung eines ruhmvollen Ereignisses ließ sich sicherlich besser verkaufen als ein König, der vom Pferd gefallen war.

Teilzeit-See in Roms guter Stube

Giovanni Paolo Pannini
(1692–1765)
Piazza Navona in Rom unter Wasser gesetzt
1756
Öl auf Leinwand
95,5 × 136 cm

Aus erhöhter Perspektive lenkt Giovanni Paolo Pannini den Blick über die vielleicht schönste barocke Platzanlage Roms, die Piazza Navona. An den heißen Wochenenden im August verschloss man dort die Abflüsse der Brunnen, setzte den Platz unter Wasser und beging die »Festa del Lago«, das sogenannte Seefest. Wer es sich leisten konnte, ließ sich mit der Kutsche durch das kühle Wasser fahren, die übrige Bevölkerung wohnte dem gesellschaftlichen Ereignis aus den angrenzenden Palästen und vom Platzrand aus bei. Pannini, der als Porträtist barocker Festlichkeiten bei seinen adligen Auftraggebern hoch im Kurs stand, hat über die topografische Schilderung des Platzes hinaus ein reizendes Stimmungsbild der Feierlichkeit eingefangen. Die markanten Schatten der linken Gebäudezeile und die Spiegelung des berühmten Vierströmebrunnens von Gian Lorenzo Bernini gliedern und beleben die mild wogende, mit lockerem Pinselstrich gemalte Wasserfläche. Unter dem klaren Blau des Himmels tritt die in der niedrig stehenden Abendsonne aufscheinende rechte Platzseite in all ihren Nuancen strahlend hervor, und die heitere Gelöstheit der festlich herausgeputzten Menge vermittelt sich dem Betrachter bis in die verschatteten hinteren Ecken des Platzes. Ereignisse wie dieses hat Pannini oft mehrfach gemalt und dann an verschiedene Kunstliebhaber veräußert.

Francesco Guardi
(1712–1793)
Phantasielandschaft mit Bauwerken an der Lagune
um 1790
Öl auf Leinwand
59,5 × 72 cm
Leihgabe der Fritz Behrens-Stiftung

Venedigs Hinterhof

Der venezianische Maler Francesco Guardi lässt in diesem Bild eine Landschaft am Meer entstehen, in der man durch Ruinen auf eine bescheidene Ansiedlung blickt. In den Häusern erkennt man arbeitende Menschen, ein paar rauchende Schornsteine und hier und da ein Tuch, das zum Trocknen aus einem Fenster hängt. Die Einfachheit des Alltags steht unmittelbar neben der zerfallenden Pracht der Antike, gerade der Größenunterschied zwischen den miniaturhaft kleinen Staffagefiguren und der riesigen Säule links lässt dies deutlich werden. Möglicherweise hatten seine italienischen Zeitgenossen besonders solche Brüche vor Augen, wenn sie Guardi vorwarfen, seinen Bildern fehle die Würde. Beliebter war Guardi bei denjenigen, die sich vor allem von England aus auf Italien-Reisen begaben, was damals in Mode kam. Die Touristen erkannten den malerischen Zauber in Guardis Bildern: Sie kauften seine Arbeiten als Erinnerung an ihren Venedig-Besuch und schätzten seine stimmungsvollen Ansichten sowie den spontanen, beinahe skizzenhaften Farbauftrag des Künstlers. Mit seiner fast impressionistischen Malweise löste sich Guardi deutlich von seinen Vorgängern, die »Phantasielandschaft mit Bauwerken an der Lagune« gibt davon beredtes Zeugnis: Das hervorragend erhaltene Gemälde zeichnet sich durch einen geradezu flirrenden Pinselzug und ein schimmerndes, aber stets ein wenig gedämpftes Licht aus, eine wehmütig verklärte Stimmung liegt über diesem wie vielen anderen Bildern des Malers. Als jüngster in einer Reihe bedeutender venezianischer Künstler führte Guardi die Gattung des Capriccio, des aus der Phantasie geschöpften Landschafts- und Architekturbildes, zu einem bedeutenden Höhepunkt.

Das Glück des Vaters

Johann Heinrich Tischbein d. Ä.
(1722–1789)
Der Künstler und seine Töchter
1774
Öl auf Leinwand
69 × 57 cm
Geschenk Fr. Mercedes Bahlsen
geb. Tischbein, 1980

In der Zeit der Aufklärung wird die bürgerliche Familie zu einem wichtigen Thema in Literatur und bildender Kunst. Davon bleibt auch das Künstlerbildnis nicht unberührt, immer wieder präsentieren sich Künstler nun im Kreise der eigenen Familie. Johann Heinrich Tischbein d. Ä., der zur Unterscheidung von den gleichnamigen Verwandten aus der Künstlerfamilie der Tischbeins als der »Kassler Tischbein« bezeichnet wird, zeigt sich hier mit den beiden Töchtern in einem Wohn- und Arbeitszimmer seines stattlichen Hauses in der Boettcherstraße in Kassel. Den Arm auf die Lehne eines Stuhles gestützt, steht er vor einem gerade erst in der Zeichnung angelegten Bild. In den Händen hält er den Malstock und eine Palette mit Pinseln. Caroline, seine Älteste, blättert in einer Mappe mit Zeichnungen, und die Jüngste hat ihre Handarbeit niedergelegt, um sich dem Familienpapagei zuzuwenden. Umgeben von Büchern, antiken Skulpturen und seinen eigenen Gemälden präsentiert Tischbein seinen Haushalt als gebildet, kunstsinnig und arbeitsam. Der Maler war Witwer, dennoch sind auch die beiden früh verstorbenen Frauen im Bild zugegen: Als gemalte Porträts von seiner eigenen Hand schmücken sie die Wand im verschatteten Bereich des Zimmers. Ganz im Stile seiner Zeit schreibt sein Biograf Engelschall: »Tischbein wußte selbst an der Staffelei das Glück des Vaters zu genießen.«

HISPAN·ET IND·REX·M·8R·F·M·
NEW SOUTH WALES
1813

NEW SOUTH WALES

FIFTEEN
PENCE

CAROLUS·IIII·DEI·GRATIA·
·1795·
FIVE SHILLINGS

Löcher in Münzen stopfen Haushaltslöcher!

Überprägung auf einer spanischen Acht-Real-Münze (Peso, um 1800)
Königreich Großbritannien,
für Neu Süd Wales (Australien)
Georg III. (reg. 1760–1820)

5 Shilling 1813
Silber, 21,22 g
Durchmesser: 39,5–40 mm

15 Pence 1813
Silber, 5,66 g
Durchmesser: 19 mm

Ein Schotte war es – wer sonst? Lachlan Macquarie (1762–1824) schuf mit dem »Holey Dollar« und dem »Dump« die allerersten Münzen Australiens. Sie gehören heute zu den großen Seltenheiten der Münz- und Geldgeschichte. Australien befand sich auf dem Weg von einer Sträflingskolonie zu einem modernen Staat. Dafür brauchte man Geld! Macquarie war von 1810 bis 1821 Gouverneur von New South Wales und löste 1813 ein schwieriges Problem auf ungewöhnliche, eben typisch »schottische Art«: Da in Australien akuter Mangel an Münzgeld herrschte, ließ er aus 40 000 älteren spanischen Talermünzen jeweils zwei Münzen herstellen, indem aus der Mitte eine kleine runde Scheibe ausgestanzt wurde. Diese Lochmünzen wurden »Holey Dollars« genannt. Die spanischen Pesos waren ursprünglich umgerechnet 5 Shilling (= 60 Pence) wert. Die neuen »Holey Dollars« erhielten den gleichen Nennwert. Die ausgestanzten und gestempelten Scheiben liefen als Viertelstück, als 15-Pence-Stücke (= 1 Shilling, 3 Pence) um und hießen »Dump«. Aus einer spanischen Silbermünze entstanden so zwei britische Münzen! Mit einem Schlag verdoppelte Macquarie die Zahl der umlaufenden Münzen und vergrößerte mit den »Dumps« als mittlerem Münzwert sogar noch die Geldmenge um 25 Prozent.

Wenn man Kleingeld brauchte, zerstückelte man bisweilen große Münzen. Das kommt nicht selten vor. Numismatiker benutzen dafür den Fachbegriff »Cut Money«.

In den umgangssprachlichen Münznamen ist auch ein kleines Wortspiel versteckt, man muss nur den Buchstaben »e« im Wort holey weglassen: Holy Dollar versus Dump, Heiliger Dollar versus Dreckloch.

Die einzigartige, aber auch ziemlich eigenartige Münzform verhinderte die Abwanderung der ersten australischen Zahlungsmittel, denn spanische Pesos waren international begehrte Handelsmünzen. Nur: Pesos mit einem großen Loch wollte außerhalb von Australien wirklich niemand haben!

Ein Tag in der Natur

Caspar David Friedrich
(1774–1840)
Folge der »Vier Tageszeiten«
um 1820
Öl auf Leinwand
Der Morgen: 22 × 30,7 cm,
Der Mittag: 21,5 × 30,4 cm,
Der Nachmittag: 22 × 30,7 cm,
Der Abend: 22 × 31 cm

Das Landesmuseum Hannover ist der einzige Ort, an dem sich ein vollständiger Tageszeiten-Zyklus von Caspar David Friedrich erhalten hat. Die Deutungen dieser vier Gemälde sind vielfältig: naturphilosophisch, religiös oder bisweilen auch politisch.
Der »Morgen« mag eine Allegorie des tätigen Lebens sein, weil vor den abziehenden Nebelbänken über dem friedlichen Weiher ein einziger Fischer im Ruderboot seinem Tagwerk nachkommt. Im »Mittag«, mit dem breiten Weg und dem Schäfer auf der Wiese, könnte tatsächlich ein Sinnbild des Lebenslaufs und der Naturverbundenheit gesehen werden. Es spräche auch nichts dagegen, dem »Nachmittag« eine Vergänglichkeitssymbolik zu attestieren, worauf weniger das Pferdegespann im Mittelgrund als das Nebeneinander von reifendem und abgeerntetem Kornfeld im Vordergrund hindeuten würde. Das Thema des »Abends« wäre schließlich die »religiöse Betrachtung«, denn im Zentrum des Bildes, mitten in einer offenen Waldlandschaft, stehen zwei verschattete Gestalten und beobachten den Sonnenuntergang – zwei Männer, die nicht in der Natur arbeiten, sondern sich in dieser wie in sich selbst kontemplativ versenken. Friedrich hat viele dieser Rückenfiguren gemalt, die immer auch den Betrachter des Kunstwerks meinen, denn sie »veranschaulichen« im wahrsten Sinn des Wortes das Anschauen der Natur und das Reflektieren über das Verhältnis des Menschen zu ihr.
Für die Interpretation weniger wichtig ist, ob die vier Gemälde jeweils präzise lokalisierbares Gelände zeigen, das vorzugsweise im Harz oder im Riesengebirge läge. Zumindest gibt es unter dem Farbauftrag minutiös angelegte Unterzeichnungen, die auf exakten, im Freien ausgeführten zeichnerischen Obduktionen von Naturausschnitten beruhen.
Friedrich ist der bedeutendste Vertreter der deutschen Romantik, und ganz in ihrem Sinne ist sein Blick auf Landschaft und Natur letztlich religiös motiviert – sowohl christlich als auch pantheistisch, also von der Vorstellung getragen, dass Natur beseelt und durchgeistigt ist. Damit wird die »äußere« Natur zum Spiegel und Bezugspunkt der »Innen«-Welt des Menschen.

Dramatik und Stille

Der Blick in die von Menschenhand unberührte Natur hält einen kurzen, flüchtigen Moment fest, der jeden Augenblick durch das Abstürzen der Bäume oder das Fortspringen der Tiere jäh beendet sein könnte.

Links erstrahlt eine Abbruchkante goldgelb im Sonnenlicht. Wie eine Wunde kehrt sich das sandige Innere der Erde nach außen, im grellen Spotlicht wird das Schauspiel der Erosion akzentuiert. Bedrohlich nahe wachsen die Bäume bis an den Rand des Abhangs. Jeden Moment könnten sie abstürzen – wie die zwei toten Stämme vor der Wasserstelle im Vordergrund. Hinter dem Gewässer hat sich auf einer saftig grünen Wiese eine Gruppe Rotwild eingefunden, um friedlich zu grasen. Aufmerksam heben die Tiere ihre Köpfe und reagieren damit offensichtlich auf eine Störung der Ruhe in der Naturidylle.

Die ausgesprochen spannungsreiche Wirkung dieser Landschaftsschilderung resultiert aus einer theatralischen Lichtregie, dem plötzlichen Wechsel zwischen hellen und dunklen, lichten und schattigen Partien. Gesteigert wird dieser Effekt durch den komplementären Farbklang, in dem alle Grundfarben enthalten sind, durch die virtuose Flüchtigkeit und Pastosität des Farbauftrags und durch extreme Richtungswechsel der Linien.

Dieser dramatische Eindruck unterscheidet Blechens Landschaften von denen seines großen Vorbilds Caspar David Friedrich. Blechen war außerdem der erste deutsche Maler, der auch Industrielandschaften darstellte und damit die Verdrängung oder einfach nur Störung der unberührten Natur durch den Menschen ins Bild setzte.

Nichts scheint ruhig in der Waldschlucht mit Rotwild, und doch herrscht Stille – vielleicht nur noch für einen kurzen, letzten paradiesischen Moment.

Karl Blechen
(1798–1840)
Waldschlucht mit Rotwild
vor 1828
Öl auf Leinwand
98,7 × 81 cm
Leihgabe der Bundesrepublik Deutschland

Schiffbruch mit Kreidefelsen

Sturmumtost und rau zeigt sich die dänische Küste, dunkle Wolken liegen über der aufgewühlten See. Steil ragen die schroffen Felsen aus leuchtend weißem Kalkstein in die Höhe. Das Motiv der Kreidefelsen von Møn begegnet in der dänischen Kunst der ersten Hälfte des 19. Jahrhunderts außerordentlich häufig. Die bis zu 128 Meter hohe Steilküste im Osten der Insel entstand vor etwa 70 Millionen Jahren und ist bis heute beständig von großen Abbrüchen bedroht.
Sødrings eindrucksvolles Gemälde gilt als ein Paradebeispiel für die Malerei der Kopenhagener Schule, die den Weg zur realistischen Freilichtmalerei bahnte und die Abkehr vom Idealismus stilistisch und inhaltlich einläutete. Das ging einher mit dem Bemühen um wissenschaftliche Exaktheit bei der Wiedergabe von geologischen Formationen und meteorologischen Phänomenen.
Es lässt aber noch weitergehende Interpretationen zu: Am schmalen Strand, direkt unterhalb der proportional gewaltig anmutenden Steilküste, hat sich eine bunte Gruppe Schaulustiger versammelt, die den Blick auf ein gestrandetes Schiff am rechten Bildrand lenken. Der von Naturgewalten ausgelöste Schiffbruch kann politisch gedeutet werden, denn 1814 hatte Dänemark seine Großmachtstellung verloren und war zu einem Kleinstaat geworden. Die nationale Identität speiste sich nunmehr aus der »Heimat«, bildmotivisch aus der dänischen Landschaft. Demnach würden die von den Felsen gebrochenen Sonnenstrahlen auf das Erwachen eines neuen Nationalstolzes verweisen, der die Schönheiten der dänischen Natur ausdrücklich propagiert.
Und viel allgemeiner steht die Darstellung exemplarisch für die touristische Erschließung von Sehenswürdigkeiten in Verbindung der künstlerischen Eroberung einheimischer, also national spezifisch aufgefasster Landstriche in ganz Europa.

Frederik Sødring
(1809 – 1862)
Kreidefelsen
auf der Insel Møn
1831
Öl auf Leinwand
100 × 163 cm
Vermächtnis Margarete
Köhne 2006

Carl Hasenpflug
(1802–1858)
Kloster Walkenried
1850
Öl auf Holz
89 × 75 cm

Auf zu neuen Ufern

Der Weg des wagemutigen Wanderers durch die Klosteranlage wäre beschwerlich, denn er führt über Stolpersteine und mögliche Fallgruben, die sich unter einer dünnen Schneedecke verbergen. Keine Menschenseele ist zu sehen, nur die aufgerichtete Grabplatte eines Ritters, für dessen Seelenheil in der Klosterkirche einmal gebetet wurde.

Deren Ruinen zeigt Hasenpflug aus naher Distanz und ganz monumental. Der Blick führt auf die Innenseite der Westfassade, hinweg über das ehemalige Seitenschiff, an dessen Ausmaße noch die Pfeilersockel erinnern. Das im Südharz gelegene Walkenried ist das drittälteste deutsche Zisterzienserkloster und um 1300 vollendet worden. Im 18. Jahrhundert diente die Anlage als Steinbruch, ihre Erhaltung war auch zur Entstehungszeit des Gemäldes akut gefährdet. Hasenpflug dürfte das gewusst haben, sein Bild kann als ein Zeugnis für das wissenschaftliche Rekonstruktions- und Dokumentationsbedürfnis der Romantiker gelesen werden.

Es erzählt aber auch etwas über das spirituelle Verhältnis des Künstlers zu Nähe und Ferne und zum Kreislauf von Vergehen und Werden. Das sakrale Ensemble wird zum Symbol einer untergegangenen Epoche, das Denkmal menschlicher Leistungsfähigkeit wird durch die Natur rückerobert, deren Rhythmus auch dem Menschen ein Maß bestimmt. Durch die winterliche Schneedecke drängen unzählige Pflanzensprösslinge, in jeder Nische, auf jedem Vorsprung, aus jeder Spalte des Mauerwerks erwächst neues Leben.

Die Burgruine im Dunstschleier auf dem Berggipfel im Hintergrund ist eine rein phantastische Zutat. Sie zeigt die Sehnsucht nach der Ferne, die Aufbruchsstimmung und den Entdeckerdrang des »Wanderkünstlers« an. Hasenpflug veranschaulicht dabei ein romantisches, aber auch allgemein menschliches Dilemma, denn mit dem Erreichen jedes Ziels wird die Ferne zur Nähe, die Neugier zur Kenntnis. Die nächste Wanderung, die nächste Etappe einer abenteuerlichen Lebensreise wird folgen: »Zu neuen Ufern lockt ein neuer Tag.«

Der Dom und das Mädchen

Louis Ammy Blanc
(1810–1885)
Die Kirchgängerin
1834
Öl auf Leinwand
112 × 77,7 cm

Nach heutigen Maßstäben müsste sie ein Star gewesen sein, so oft wurde ihr Bild kopiert. Nicht nur druckgrafisch: als Kupferstich, Stahlstich oder Lithografie. Es findet sich auch in Musterbüchern von Gobelin- und Porzellanmanufakturen. Und vorzugsweise auf (Sammel-) Tassen!
Wer war diese Ikone des deutschen Biedermeier? Ihre Lebensgeschichte kann ihre Popularität schwer erklären: Gertrud Küntzel, Frau des Rittmeisters im Düsseldorfer Husarenregiment Eduard Küntzel, Tochter eines rheinischen Fabrikanten. Die Ehe soll glücklich gewesen sein, doch verstarb Gertrud früh nach der Geburt ihres ersten Kindes.
Blanc, ein Schüler von Friedrich Wilhelm von Schadow und Vertreter der »Düsseldorfer Malerschule«, schuf mindestens drei eigenhändige Gemäldefassungen dieses Motivs; die erste, aus der sich alle Reproduktionen ableiten, ist das Bild der Landesgalerie.
Sicherlich hat die Wirkmacht der grandiosen Bilderfindung befördert, dass das Mädchen vor der gewaltigen, seit dem Mittelalter unfertigen Fassade des Kölner Doms steht. Dessen Vollendung wurde zur Entstehungszeit des Gemäldes gerade geplant – und zum Symbol einer deutschen Einheitsbewegung. In diesem Motiv schwingt sowohl Ruinenromantik als auch nationale Verklärung mit. Unvergleichbar ist der perspektivische Effekt: Der Schauplatz ist in die Höhe gehoben, der Betrachter befindet sich mehrere Stockwerke über der Straße. Die oberen Turmgeschosse der Kathedrale rahmen und stützen kompositorisch das Mädchen, dessen Kopf die Architektur zugleich überragt, also vollendet und bekrönt.
Dieses phantastische Bühnenbild einer gemalten Architektur entspricht bis in die Spitzen dem Aufwand der teuren Trachtenkostümierung. Sittsam und demütig steht die Kirchgängerin da, die gar nicht in der Kirche ist. Autoritätsgläubig, gottesfürchtig und von einer anmutigen, makellosen körperlichen Gestalt – ein biedermeierlicher Idealtypus von Weiblichkeit.

Ein entspannter Baron

Ferdinand Georg Waldmüller
(1793–1865)
Bildnis Baron Moser
um 1833–1835
Öl auf Pappe
74 × 58,2 cm
Eigentum der Stadt Hannover

Der Künstler hat den weitgehend unbekannten Adligen höchst repräsentativ in Szene gesetzt: Schon die Darstellung als Ganzfigur bedeutet eine besondere Würdigung, die durch die Auswahl der ihn umgebenden Gegenstände noch unterstrichen wird. Seine Kleidung zeugt von modischer Eleganz, der standesgemäße Zylinder liegt so auf der vorderen Lehne der Bank, dass sein exquisites rotes Samtfutter präsentiert wird – und einen kräftigen Farbakzent zum dunkelblauen Frack abgibt. Moser sitzt, ja thront beinahe auf der antikisch dekorierten Marmorbank vor seinem eigenen Grundbesitz.

Dabei nimmt der Porträtierte eine eher unorthodoxe und geradezu lässige Körperhaltung ein. Seine Beine hält der Baron leicht verschränkt, die rechte Hand liegt locker auf dem Bein, der linke Arm ist zwanglos aufgestützt. Auch die aufgeknüpfte Weste gehört zu dieser besonderen privaten Entspannung, die ebenfalls im milden Lächeln Mosers zu erkennen ist – eine solche Emotionalisierung der Porträtfigur war seinerzeit noch selten.

Zugleich besticht das Bildnis durch die fotorealistisch anmutende Wiedergabe der Hautpartien, insbesondere vom Gesicht. Der Dargestellte ist zeichnerisch außerordentlich scharf und präzise erfasst und von einer beinahe extrem anmutenden Plastizität. Diese wird noch dadurch verstärkt, dass der Hintergrund in seiner abgeschwächten Farbigkeit und Kontrastlosigkeit gegenüber der technischen und farblichen Brillanz der Hauptfigur prägnant abfällt.

Ferdinand Georg Waldmüller war seit 1829 Professor an der Wiener Akademie und Kustos ihrer Sammlung. Seine Ablehnung der akademischen Kunstdoktrin, vor allem seine Bevorzugung des Naturstudiums gegenüber dem Kopieren Alter Meister brachte ihn später häufiger in Konflikt mit seinen Professorenkollegen, was 1857 schließlich zur vorzeitigen Versetzung in den Ruhestand führte.

Heute gilt Waldmüller als einer der wichtigsten Maler des österreichischen Biedermeier, und seine Bilder sind nach wie vor ungemein populär.

Venus nach dem Bade

Josef Ernst von Bandel
(1800–1876)
Venus, sich schmückend
1838–1844
Marmor
Höhe: 166 cm,
Standfläche:
Durchmesser: 63 cm

Lebensgroß sitzt die Göttin der Liebe mit untergeschlagenem rechten Bein auf einem verzierten dreibeinigen Hocker, auf den auch die Gewänder herabgesunken sind. Zu Füßen der Aktfigur steht ein reich ornamentiertes Schmuckkästchen, aus dem Perlenketten und ein Haarband geradezu hervorquellen. Direkt nach dem Bade ist die Schönheit gerade noch dabei, ihr wallendes Haar zu flechten, zu binden und in Zöpfen um den Kopf zu legen.
Nicht nur die Frisur und das klassische Profil der Göttin, ihre ganze Körpergestaltung ist von der Kunst der Antike inspiriert. Vor allem die »Kapitolinische Venus« diente dem Künstler als Vorbild, auch wenn diese eine ganz andere Körperhaltung aufweist. Als Ernst von Bandel 1831/32 und 1834 erste Modelle der Venusfigur anfertigte, wurde die berühmte römische Plastik, eine Kopie nach der nicht erhaltenen sogenannten Knidischen Venus des Praxiteles, gerade in den Kapitolinischen Museen in Rom neu aufgestellt.
Mit der Ausführung seiner Venus begann Bandel 1838 in Carrara anlässlich seines zweiten Italienaufenthalts. Nach einer längeren Unterbrechung wurde sie dort zwischen 1843 und 1844 vollendet; 1846 war die Marmorskulptur mit ihrer glatten, ehemals extrem polierten Oberfläche auf der 14. Kunstausstellung in Hannover zu sehen.
In diesen Jahren hatte Bandel schon die Arbeit an seinem berühmtesten Werk begonnen: dem »Hermannsdenkmal«. Das Monument mit der 26 Meter hohen Kolossalstatue, die zumindest in Details auch antike Bezüge aufweist, wurde 1875 bei Detmold im Teutoburger Wald eingeweiht, wo man seinerzeit den historischen Schauplatz der Varusschlacht vermutete. Als sein »Hauptstück und Prachtwerk« bezeichnete Bandel jedoch seine sich schmückende Venus.

An den Iden des März

Karl Theodor von Piloty
(1824–1886)
Cäsars Ermordung
1867 (oder 1865)
Öl auf Leinwand
147,5 × 239,5 cm
Eigentum der Stadt Hannover

Im Jahr 44 v. Chr. nahm der Feldherr und Staatsmann Gajus Julius Cäsar die Diktatur auf Lebenszeit an und wurde damit Alleinherrscher in Rom. Nun plante er Kriege und Eroberungen, die ihm den Weg zur Weltherrschaft eröffnen sollten. Gegen sein Regime formierte sich eine Opposition von etwa 60 Männern aus Kreisen des Adels und aus Cäsars persönlichem Umfeld. An den berühmten Iden (den Tagen in der Monatsmitte) des März erdolchten die Verschwörer Cäsar. Dieser soll noch am Tag vor dem Attentat von einem Augur, einem Weissager, gewarnt worden sein: »Cave Idus Martias« – »Hüte dich vor den Iden des März«. Populär wurde diese Wendung durch William Shakespeares Drama »Julius Cäsar«, dessen dritter Akt auch Pilotys unmittelbare literarische Vorlage war. Wie in dem Drama erzählt, kniet Metellus Cimber vor Cäsar, um die Begnadigung seines verbannten Bruders zu erbitten.
Die Reaktion des Staatsoberhauptes, seine Ablehnung, wird in der zurückweichenden Körperhaltung, der rhetorischen Gestik und dem Gesichtsausdruck offenbar. Auf die Abweisung reagiert zuerst Servilius Casca, der hinter Cäsar steht und den Arm bereits zum ersten Dolchstoß erhoben hat. Am rechten Bildrand steht Brutus, der ebenfalls im Begriff ist, seinen Dolch aus dem Umhang zu ziehen.
Piloty, seit 1856 Professor für Historienmalerei an der Akademie der Künste in München, dem damaligen Mekka der deutschen Kunst, entwickelt die Darstellung kompositorisch auf einer steigenden Diagonalen sehr stringent von links nach rechts. Seine technische Brillanz zeigt sich in der Wiedergabe des aufwendigen Steinfußbodens, der das Bühnenbild ausgehend vom Betrachter eröffnet. Von rechts wird die Szene dramatisch beleuchtet und durch das einfallende Sonnenlicht symbolisch kommentiert.
Pilotys Bild ist ein Meisterwerk der deutschen Historienmalerei und ging in das Bildgedächtnis der Nation ein.

Spiel mit Rauch und Licht

Claude Monet
(1840–1926)
Der Bahnhof Saint-Lazare (Le Signal)
1877
Öl auf Leinwand
65,5 × 82 cm

Zu Beginn des Jahres 1877 richtete sich Monet ein Atelier in der Nähe des Pariser Bahnhofs Saint-Lazare ein und begann, Innen- und Außenansichten der Station zu zeichnen. Nach diesen Vorarbeiten schuf er eine Folge von zwölf Gemälden – entgegen der verbreiteten Annahme, die Impressionisten hätten ausschließlich spontan, unter freiem Himmel und vor dem Motiv gemalt.

Der Standpunkt des Malers befindet sich auf unserem Bild an einem Schienenstrang außerhalb des Bahnhofs. Diagonal von links nach rechts verlaufen Schienen und führen in die Ankunfts- und Abfahrtshalle. Ganz links rückt mit den Stahlträgern gerade noch die Überführung der Rue de Londres ins Bild. Die Bauwerke und Hallen im Hintergrund der Szenerie stehen im Dreieck mehrerer Straßen.

Um überhaupt auf dem Bahnhofsgelände arbeiten zu dürfen, holte sich Monet eine Erlaubnis direkt vom zuständigen Direktor der Eisenbahnlinie West ein. Für ein paar Francs wurden Bahnsteige gesperrt, Züge angehalten oder mit besonders viel Kohle befeuert, um mehr Rauch zu produzieren. Denn Rauch und Dampf als Spielbälle des Lichts sind das eigentliche Thema des Gemäldes, nicht wie auf den anderen Bildern der Serie die Ingenieurbauten, die »Kathedralen des technischen Zeitalters«. Das Bild der Landesgalerie zeigt unter allen Bahnhofsbildern den höchsten Abstraktionsgrad, die weiteste malerische Auflösung der Gegenständlichkeit. Entsprechend heftig wurde es kritisiert – nicht zuletzt auch wegen des banalen, noch dazu verschatteten Signals auf der vertikalen Mittelachse.

Claude Monet ist heute der wohl berühmteste Impressionist. Das Wort Impressionismus ist von seinem Gemälde »Impression – Sonnenaufgang« abgeleitet und war zunächst abschätzig gemeint. Bald übernahmen die so Gescholtenen aber die Bezeichnung, um sie konsequent gegen die etablierte Kunstwelt des Salon de Paris einzusetzen.

So fern und doch so nah

Alfred Sisley
(1839–1899)
Walisische Küste
1897
Öl auf Leinwand
53,5 × 64,9 cm

Alfred Sisley gehört neben Camille Pissarro, Edgar Degas, Auguste Renoir oder Claude Monet zu den Impressionisten der ersten Stunde. An den berühmten Ausstellungen war er von Beginn an beteiligt. Sisleys »Walisische Küste« entstand zwar Jahrzehnte nach diesen, zeugt aber immer noch von einer zügigen Malweise, einem flüchtigen Pinselstrich und einer Ausführung »vor dem Motiv«. Nicht nur aus diesem Grund ist das Gemälde ein Meisterwerk der französischen Freilichtmalerei.

Mit einer jeweils anderen Art, die Farbe aufzutragen, differenziert der Maler drei verschiedene Bildzonen. Der bewachsene Abhang am linken Bildrand ist gekennzeichnet von plastisch pastoser Buntfarbigkeit. Die Intensität der violetten, rosa- oder türkisfarbigen Töne nimmt im Schatten der dreieckigen, rechts anschließenden Strandpartie ab, deren tatsächlich immense Entfernung allein die Silhouetten von zwei Spaziergängern hinreichend vermitteln. Ohne diesen Hinweis auf eine Dreidimensionalität erscheint die Komposition geradezu abstrakt.

Sie wird abgeschlossen durch das zweite Dreieck – die im hellen Sonnenlicht gleißend erstrahlende Zone des Meeres. Eine kaum sichtbare Horizontlinie teilt diese Fläche unten in ein weiteres Dreieck – das Meer, und oben in ein Querrechteck – den Himmel. Fast unmerklich fährt auf diesem im Übergang zum Himmel ein Dampfschiff. Es ist von der Höhe der Steilküste aus gesehen, dem Standpunkt des Malers und Betrachters, und verbindet so die Tiefe mit der Nähe.

Das Bild gehört zu einer Serie von Küstenbildern, die 1897 anlässlich eines Englandaufenthalts entstanden sind und die verschiedene Landschaftsausschnitte zeigen. Sisley variierte also Ansicht und Motiv. Die kühne Diagonalkomposition, die das Bildfeld in einen nah- und einen fernsichtigen Bereich unterteilt, die ihrerseits eng verkoppelt sind, zeugt von der eindringlichen und dauerhaften Rezeption japanischer Farbholzschnitte.

Auguste Rodin
(1840–1917)
Eva
um 1881
Bronze
Höhe: 173 cm,
Standfläche: 49,4 × 58,5 cm
Eigentum der Stadt Hannover

Vertreibung aus dem Paradies

Die lebensgroße Bronzeplastik lässt sich durch bloßes Betrachten nur schwer als historische Gestalt identifizieren, denn der kraftvollen und stämmig anmutenden Aktfigur fehlen jegliche Attribute.
Die Frau verschränkt beide Arme in Schutzgesten vor dem Oberkörper. Ihre linke Hand hat sie hinter das rechte Ohr des geneigten Kopfes geführt, dadurch versinkt das Antlitz im spitzen Winkel der Armbeuge. Emotional scheint sie bemüht, ihr Gesicht – im übertragenen Sinn die geistige Scham – zu verstecken. Als Abwehrgeste, auch als Geste des Weghörens, ist die linke Handfläche nach außen gedreht. Der rechte Arm schützt den Oberkörper, insbesondere den Schambereich der Brüste.
Während das Gewicht auf dem durchgestreckten rechten Bein ruht, scheint die Sohle des linken Fußes sich vom Grund der felsartigen Erhöhung zu lösen, sodass eine zaghafte Vorwärtsbewegung angedeutet ist.
Dass es sich um die Darstellung von Eva handelt, erschließt sich nur aus dem Entstehungszusammenhang. Seit 1880 war Rodin mit Entwürfen für das Eingangsportal des Musée des Arts Décoratifs in Paris beschäftigt. Aufgrund der Szenen aus dem »Inferno« nach Dantes »Göttlicher Komödie« wurde dieses Werk als »Höllentor« bekannt. Rodin plante, das Portal mit zwei lebensgroßen Bronzen des ersten Menschenpaares zu flankieren: Adam sollte links und Eva rechts vom Eingang stehen. Diesen Entwurf gab er bald auf, doch die Plastiken kamen zur Ausführung. Die späteren Reliefs an den Türflügeln zeigen menschliche Verfehlungen und ihre Bestrafung durch seelische und körperliche Qualen. Dies drücken bereits die Bronzeplastiken aus: Adam und Eva sind Urbilder privater Vergehen, verantwortlich für das Leid der Menschen, zuerst aber für das eigene. So wendet sich Eva verzweifelt – aber vergeblich – von den Folgen ihrer Sünde ab. Gleichzeitig versucht sie, sich vor diesen zu schützen. Aber der erste Schritt ist gemacht, die Vertreibung aus dem Paradies hat begonnen.

Das Wie in der Kunst

Mit 17 Gemälden, Porträts, Stadtansichten, Landschaften und Stillleben besitzt die Landesgalerie eine ungewöhnlich umfangreiche Sammlung eines Malers, der auf seinem künstlerischen Weg vom Spätbiedermeier ausging und über Naturalismus und Realismus bis zu einem gedämpften Impressionismus gelangte. Der aus Wien stammende Schuch gilt als Hauptvertreter eines freien Zusammenschlusses von Künstlerfreunden um Wilhelm Leibl. Diese Maler des Münchner »Leibl-Kreises« legten großen Wert auf die Primamalerei. Man sollte sehen, dass das Gemälde »gemacht« war. Misslungene Stellen mussten bis auf die Leinwand abgekratzt und dann neu angelegt werden. Korrigierende Übermalungen oder Lasierungen waren verpönt und galten als unkünstlerisch. Grundsätzlich versuchte man, die Farben gleichmäßig feucht zu halten und nass in nass zu malen, damit das fertige Bild wie aus einem Guss erscheinen konnte. Die Darstellung wurde aus kurzen Pinselstrichen mit jeweils einer eigenen Farbe zusammengefügt – in dem Bemühen, das Bild rein aus der Farbe entstehen zu lassen und dabei die Ausformung der Gegenstände und die Kennzeichnung der Raumdimension durch kleine Farbflecken zu bewirken. Entsprechend modellierte auch Schuch die Gegenstände seiner Stillleben aus farbigen Flächen, nicht auf der Grundlage einer genauen Vorzeichnung.

Diese Stillleben, zu denen auch unser Bild gehört, sind von großer kunsthistorischer Bedeutung. Sie entstanden vorwiegend zwischen 1882 und 1894, als sich Schuch in Paris aufhielt und intensiv mit den Werken von Gustave Courbet und Edouard Manet auseinandersetzte und zu einem Wegbereiter der »L'art pour l'art-Ästhetik« wurde – der Bestrebung, die Kunst um ihrer selbst willen zu machen, ohne dass sie einem äußeren Zweck dienstbar sein müsse. Ganz wie Paul Cézanne ist Schuch über Jahrzehnte nicht auf der Suche nach dem Was, sondern nach dem Wie der Kunst gewesen.

Carl (Charles) Schuch
(1846–1903)
Stilleben mit Äpfeln
um 1887–1890
Öl auf Leinwand
61,6 × 78,5 cm

Worpswede als Marke

Die »Moorlandschaft« der Landesgalerie ist das größte Gemälde, das Otto Modersohn jemals geschaffen hat. Modersohn gehört zu den Gründungsvätern der Künstlerkolonie Worpswede, die heute als Musterbeispiel einer solchen Lebens- und Arbeitsgemeinschaft von Künstlern gilt.

Das Gemälde, 1903 am Ende der Blütezeit der Kolonie entstanden, vereinigt beinahe alle Standardmotive der »Marke Worpswede« und bringt sie in der charakteristischen, satten und schweren Tonigkeit aus Schwarz, Braun, Grün, Weiß und Blau altmeisterlich zur Darstellung. Dazu gehört der Moorkanal, der den Landschaftsausschnitt zusammen mit dem flankierenden Weg eröffnet und dabei außerordentlich naturalistisch anmutet. Moorkaten, die feuchten Häuser der Torfbauern, waren ebenfalls beliebt. Hier führen der Wasserlauf und die Birkenallee auf eine solche Kate zu und lenken dabei den Blick des Betrachters in die Tiefe. Einen gewichtigen Anteil an der Bildwelt der Kolonie haben Bäume – insbesondere Birken. Zu den spezifischen, gleichwohl häufig variierten Themen gehört das »Mädchen am Baum«. Diesen Bildbaustein setzt Modersohn auf der linken Uferseite ein: Das Kind steht ganz verloren an einer Torfabbruchkante, sein Kleidchen weht im Wind. Es blickt sehnsüchtig, aber hoffnungslos in die weite Ebene, die sich entfernt im Hintergrund eröffnet. Dort, hinter der Kate, scheint auch die Sonne.

»Denn wir leben im Zeichen der Ebene und des Himmels«, schrieb Rainer Maria Rilke in seiner Worpswede-Monografie, die im gleichen Jahr erschien, in dem Modersohns Gemälde entstand. Doch dieses zauberhafte Land war ein Mythos der Künstler, es war nicht das Land des verlorenen Mädchens, das in seinem wirklichen, außerordentlich trostlosen Leben keine Perspektiven hatte. Für die Künstler spielte das keine Rolle, denn für sie soll das einsame, scheinbar mit der Natur verwurzelte Kind in seiner »biblischen Einfachheit« lediglich eine abstrakte, wohl nachdenklich melancholische Stimmung transportieren – eben die gleiche, die von der blauschwarzen Tiefe des Moorwassers getragen wird.

Otto Modersohn
(1865 – 1943)
Moorlandschaft
1903
Öl auf Leinwand
111 × 215 cm
Eigentum der Stadt Hannover

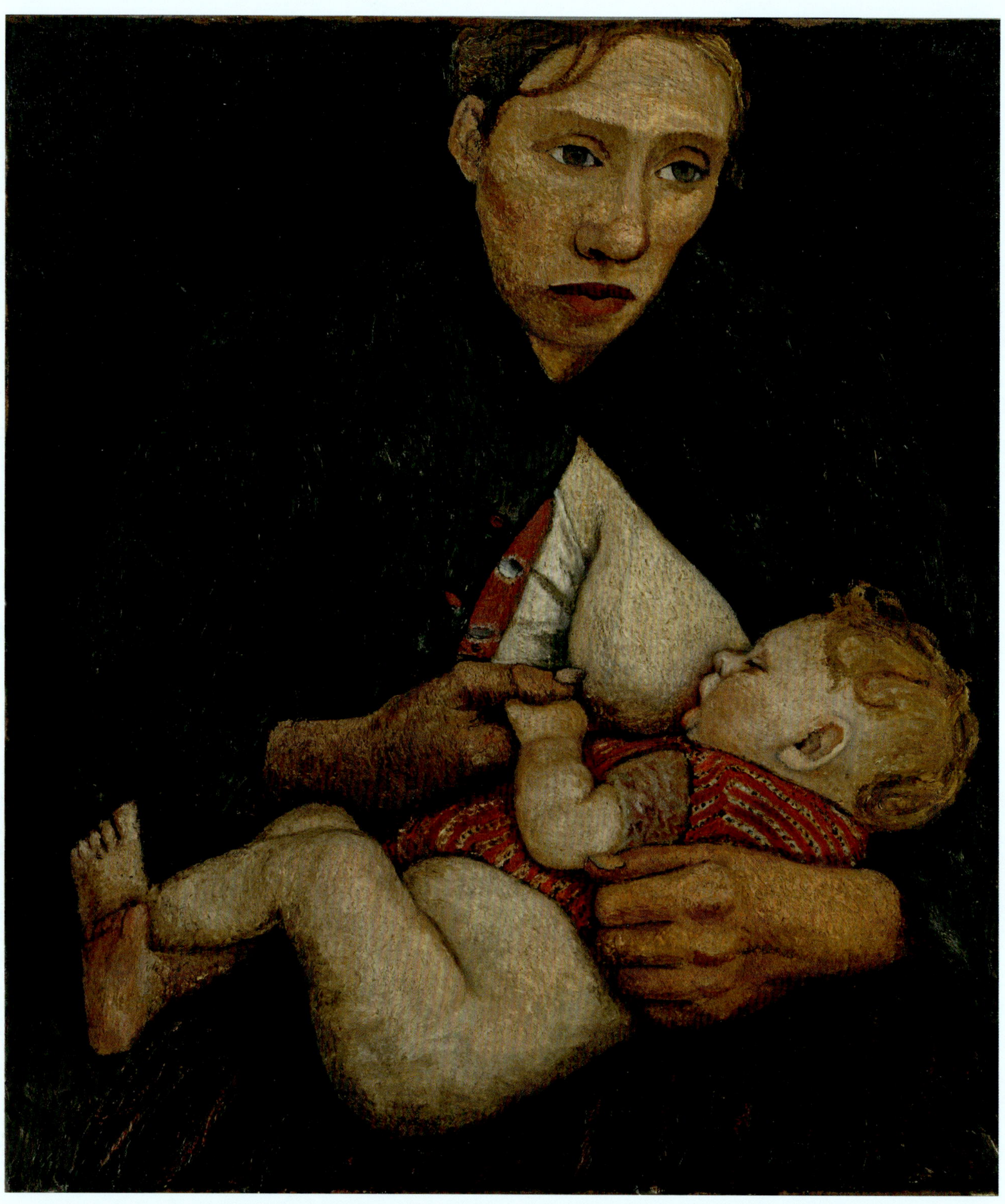

»Das ist ja meine Schwester!«

Paula Modersohn-Becker
(1876–1907)
Stillende Mutter
1903
Öl auf Leinwand
70 × 58,8 cm
Eigentum der Stadt Hannover

Josefine Wellbrock hat der Künstlerin unfreiwillig Modell gesessen. Sie wurde von Paula Modersohn-Becker heimlich gezeichnet, als sie beim Torfstechen auf dem Feld während einer Pause ihre Tochter stillte. Das jedenfalls erzählte ihr Bruder der Zeitung »Hannoversche Presse« (»Das ist ja meine Schwester!«, Artikel vom Sonnabend, 18. Juni 1949).
Die Künstlerin hat die Halbfigur ganz unmittelbar an den Betrachter herangerückt. Mit ihrem linken Ellenbogen und dem ungewöhnlich angeschnittenen Kopf sprengt diese sogar das Bildformat. Der starre Blick der Mutter verrät dauerhafte Trostlosigkeit ebenso wie tägliche Erschöpfung. Ihre Haut ist wettergegerbt von der schweren Arbeit im Freien. Die Kleidung, von Mutter wie Kind, wirkt ärmlich. Deutlich kontrastieren die »Hände wie Bratpfannen« der Mutter mit dem rosigen Inkarnat des Säuglings und der weißen Brust. Die Darstellung ist ganz auf die beiden Figuren konzentriert, nichts deutet die weiteren Umstände an, jegliche Raumangabe fehlt.
Das Bildnis der Mutter mit Kind ist in der Kunstgeschichte in allen Jahrhunderten Thema: Maria mit dem Jesusknaben bestimmt seine Darstellungsweise und Symbolik. Auch für die Künstler in Worpswede, die ihre Motive oft unter den Bewohnern des Teufelsmoores suchten. Fritz Mackensen, bei dem Modersohn-Becker in Worpswede einst Zeichenunterricht nahm, erhob etwa auf seinem Bild »Der Säugling« eine stillende Bäuerin zur »Moor-Madonna«. Und auch Modersohn-Becker behielt dieses Thema ihr Leben lang im Blick. Zu einer 1898 gefertigten Zeichnung einer Mutter mit Kind notierte sie in ihr Tagebuch: »Und das Weib gab sein Leben und seine Jugend und seine Kraft dem Kinde in aller Einfachheit und wußte nicht, daß es ein Heldenweib war.« In ihrer »Stillenden Mutter« von 1903 drückt sich weder heroische Aufopferung noch Verklärung und Verheißung aus, sondern resignative Schicksalsergebenheit. Es ist die gänzlich ungeschönte Darstellung eines ärmlichen, entbehrungsreichen Lebens.

Leben im leeren Raum

Vilhelm Hammershøi
(1864–1901)
Interieur in der Strandgade
1901
Öl auf Leinwand
62,4 × 52,5 cm
Geschenk des Förderkreises der Niedersächsischen Landesgalerie

Es sind verstörende Interieurs, für die der dänische Maler Vilhelm Hammershøi bekannt ist und die ihm den Vergleich als »dänischen Vermeer« einbringen. Oft zeigen sie Zimmer im Kopenhagener Wohnhaus des Ehepaars Hammershøi in der Strandgade 30: puristische, kahl und nüchtern anmutende Innenräume.

Auf unserem Bild fällt der Blick in einen schlichten, spätklassizistisch-biedermeierlich ausgestatteten und dekorierten Wohnraum – und durch dessen Fenster hindurch auf die Fassade der gegenüberliegenden Straßenseite. Diese erscheint überraschend nah und von großer Anziehungskraft. Vom linken Fernster aus schaut eine schwarz gekleidete Frau auf die Straße, sie scheint entspannt, aber von der Außenwelt gefesselt zu sein.

Der Vergleich zu Caspar David Friedrichs »Frau am Fenster« drängt sich auf, doch auf dem fast 80 Jahre zuvor entstandenen romantischen Gemälde ließ der Maler seine Frau Caroline wie sehnsüchtig auf vorbeifahrenden Schiffe und die Landschaft blicken. Für Hammershøis Ehefrau Ida, die hier wie so oft Modell gestanden hat, gibt es keinen solchen Ausblick. Nur die Sehnsucht scheint geblieben.

Sie führt auch kein behagliches Zuhause vor. Die Farbigkeit des gesamten Bildes ist nüchtern reduziert, die melancholische, von Grautönen getragene Stimmung wird von diffusem Tageslicht stimuliert. Dieses verursacht manche Schatten – wie das Kreuz an der Wand über dem geöffneten Hammerklavier; andere – wie die Schlagschatten der vorderen Tischbeine – sind nicht zu erklären. Seltsam mutet auch Kargheit des Raumes an, der ohne die Frau gänzlich unbewohnt erschiene. Die kalkulierte Beklemmung nimmt zu: Vor dem Klavier mit den aufgestellten Noten fehlt ein Stuhl. Er hätte auch gar keinen Platz, denn an seine Stelle ist ein mit weißer Decke belegter Tisch gerückt. Vor der schmalen Wand zwischen den Fenstern steht eine Vase auf einem Beistelltisch. Sie ist leer – ebenso wie die beiden Bilderrahmen darüber. Die Fenster sind hermetisch geschlossen, der Mensch ist erstarrt. Es herrscht Stille.

So schön ist unsere Welt

Max Slevogt
(1868 – 1932)
Papageienmann
1901
Öl auf Leinwand
81,5 × 65,3 cm
Eigentum der Stadt Hannover

Auf einem breiten, von Bäumen flankierten Sandweg steht Burkhardt, ein Tierpfleger, der um 1900 im Zoologischen Garten von Frankfurt am Main beschäftigt war. Als »Papageienmann« wird er von vier Vögeln gleichsam gerahmt: Auf seinem angewinkelten Unterarm sitzt ein grüner Amazonenpapagei, auf einer Schaukel ein Gelbbrustara mit ganz naturalistisch weißen Wangen und blauem und goldgelbem Gefieder. Ein Grünflügelara klettert auf der Schulter des Wärters. Er hat seinen Namen von den mittleren Flügeldecken, doch das Gefieder seines Körpers ist überwiegend rot, und die Flügel sind blau gefärbt. Kopfüber turnt auf einer zweiten Schaukel ein Gelbhaubenkakadu, dessen auffällige Federhaube zwischen den Beinen des Pflegers aufleuchtet. Die Blicke des Betrachters werden von der Farbenpracht der Vögel zunächst ganz auf die dunkelbraune Gestalt des Wärters gezogen, dann von den dahinter schemenhaft skizzierten vier Spaziergängern in die Tiefe des Raumes.
Die Flüchtigkeit der Malerei schließt die präzise Wiedergabe verschiedener Stofflichkeiten der Bildgegenstände zwar aus, sie sind aber trotzdem differenziert: einerseits durch die Intensität des Farbauftrags, der bei der Hauptfigur am stärksten ist, andererseits durch Richtungswechsel in der Pinselführung. So ist der Weg entsprechend des Lichteinfalls relativ gleichmäßig durch leicht diagonal gesetzte Striche mit dickem Farbauftrag markiert, wogegen die Büsche im Hintergrund aus unregelmäßigen, dünn aufgetragenen Farbpartien bestehen. Hier bleibt der Bildträger sichtbar – als scheine das Licht durch die Zweige hindurch.
Slevogt hielt sich 1901 mehrere Wochen in Frankfurt auf, in denen sein besonderes künstlerisches Interesse den Tieren im Zoologischen Garten galt, den er schon als Kind besucht hatte. In der Zeit entstanden zahlreiche Aquarelle und Zeichnungen sowie 29 Ölbilder, darunter drei Varianten des »Papageienmanns«. Slevogts Frankfurter Zoobilder sind seine ersten ganz vom Eindruck des französischen Impressionismus geprägten Werke.

Familie

Familienbild im Spiegel

Lovis Corinth
(1858–1925)
Der Künstler und seine Familie
1909
Öl auf Leinwand
175 × 166 cm
Eigentum der Stadt Hannover

»… möchtst mal ins Atelier kommen? Dort ist ein großer Spiegel, den wollen wir uns mal ansehen.« So kündigte Lovis Corinth seiner Familie an, sie malen zu wollen.
Das ausgeführte Bild ist genauso groß wie der Spiegel, den Corinth 1909 in seiner Berliner Atelierwohnung benutzt hat. Hier war die im Juni geborene Wilhelmine wenige Wochen vor der Entstehung des Bildes getauft worden. In ihrem Taufkleidchen liegt sie sicher an der Brust und im Schoß ihrer Mutter Charlotte, die 22 Jahre jünger war als ihr Mann. Die Mutter-Kind-Gruppe scheint der Mittelpunkt der Familie zu sein, ist mindestens aber das kompositorische Zentrum des Gruppenporträts. Der Sohn Thomas, der älter als ein Vierjähriger anmutet, steht links von den beiden erhöht auf einer Fußbank und fungiert als kompositorisches und farbliches Pendant zum Vater rechts.
Dieser dürfte gerade ein Späßchen vollführen – vielleicht, damit das Baby mit großen Augen über den Spiegel zu ihm blickt. Der Sohn wendet sich dem Maler zu und scheint über dessen Gebaren und Grimasse zu lachen. Wie Corinth mit Palette und den Pinseln in beiden Händen wild gestikulierend über die Köpfe von Frau und Tochter hinweg agiert, mutet beinahe etwas bedrohlich an. Zumindest muss man fürchten, dass die laufenden Ölfarben auf die weißen Kleider kleckern und das üppige neobarocke Hutmodell beschmutzen, mit dem die Frau ausstaffiert ist.
Hier scheint sich Corinths unruhiges Wesen zu zeigen, von dem auch bekannt ist, dass er vor und beim Porträtieren höchst angespannt war. Die Kinder mieden meist das Atelier ihres Vaters und fanden es schwierig, lange mit ihm allein zu sein. Und Charlotte, die als erste Zeichen- und Malschülerin ihres Mannes selbst einmal die Absicht hatte, Künstlerin zu werden, berichtete über die Sitzung: »Es war eine sehr schwere Arbeit, uns alle vier immer im Spiegelbild gleichzeitig zu sehen.«

Künstlerische Selbstanalyse

Max Liebermann
(1847–1935)
Selbstbildnis mit Strohhut
vor 1915
Schwarze Kreide auf Papier
32,2 × 26 cm
Eigentum der Stadt Hannover

Die Landesgalerie beherbergt nicht nur eine herausragende Gemälde-, sondern auch eine hervorragende Grafiksammlung von Max Liebermann. Zu ihr gehört das »Selbstbildnis mit Strohhut«, eine Selbstdarstellung mit Zeichenblock, also bei der Arbeit. Liebermanns erstes Skizzenbuch füllte sich schon ab 1866 im Atelier seines Lehrers Carl Steffeck in Berlin – mit Kopien nach Tizian, Ingres und Menzel. Sich selbst hat er allerdings erst sehr spät zum Thema seiner Kunst gemacht. Dabei erscheint er weit weniger euphorisch und leidenschaftlich als Lovis Corinth. Der Vergleich etwa dieser Zeichnung mit dessen »Familienbildnis« verrät zwei unterschiedliche Künstlercharaktere.
Bei der Kreidezeichnung fehlt jede Andeutung eines Umfelds. Darauf, dass sich Liebermann als Freilichtzeichner darstellt, verweisen allein der Hut und das von links einfallende Sonnenlicht. Klar sind die Formen des Körpers umgrenzt, der im strengen Ausschnitt einer klassischen Dreiviertelfigur (alt-)meisterlich erfasst wurde und doch so flüchtig zu Papier gebracht erscheint. Mit dem Zeichenblock in der Hand steht der im gutbürgerlichen Freizeitdress gekleidete Flaneur leicht schräg zum Betrachter gedreht – und damit zum Spiegel, der ihm im Atelier sein Naturvorbild lieferte. Dieser spiegelbildlichen Ansicht ist geschuldet, dass Liebermann auf der Zeichnung die Kreide in der linken Hand hält, obwohl er Rechtshänder war. Der Zeichenblock ist als große, papiersichtig belassene Rechteckfläche zentral vor den Körper gesetzt und kontrastiert das dunkle Jackett und die Weste. Für einen Augenblick schaut der Künstler vom Papier auf, um sein Motiv zu fixieren. Im nächsten Moment wird er skizzieren. Aber erst blitzen unter der Krempe des Strohhuts aufmerksam studierende Augen hervor, und die hochgezogene rechte Braue demonstriert den konzentrierten Blick eines genau analysierenden Künstlers.

Der gerade Weg zum See

Max Liebermann
(1847–1935)
Der Garten des Künstlers
1918
Öl auf Leinwand
85,5 × 106 cm
Eigentum der Stadt
Hannover

1909 erwarb Max Liebermann ein Gartengrundstück am Wannsee in Berlin – stolz darauf, dass er sein dafür eingesetztes Vermögen durch Kunst verdient hatte. Hier ließ sich der damals bereits 62 Jahre alte Pionier des deutschen Impressionismus sein »kleines Schlösschen« errichten. Der Bau mit Atelier hatte holländische und Hamburger Landhäuser zum Vorbild und diente seit 1910 der Familie als Sommersitz.

Das Bild zeigt den Garten vom Wannsee aus, der hinter dem Rücken des Malers lag. Man blickt von Westen durch einen kleinen Birkenhain auf Liebermanns Haus, dessen gelb getünchte Fassade hinter dem Gitterwerk der Birkenstämme hindurch schemenhaft sichtbar wird. Von dort läuft ein Weg schnurgerade auf den Betrachter zu. Dieser teilt zwar den grünen Grund, aber mitten auf ihm stehen vier Bäume und bremsen den Blick. Zur rechten Bildhälfte öffnet sich die Komposition über eine rötlich-braune Zone, an deren Stelle sich gewöhnlich das Blumenbeet befand, das in Kriegszeiten zuweilen ein Rübenacker war.

Auf dem Rasenstück dahinter bearbeitet die – fest angestellte! – Gärtnerin den Boden der weitläufigen Parkanlage. Ein gelber Farbfleck markiert ihr Kopftuch, ein brauner ihren Kopf und ein hellblauer ihren Körper, der im Grün versinkt.

Liebermann hatte das Awesen zusammen mit seinem Freund Alfred Lichtwark, dem Direktor der Hamburger Kunsthalle, geplant. Auf dessen Anraten wurde der Weg zum Wasser ganz gerade ausgeführt. Allerdings sah Liebermann keinen Grund, die Bäume dafür abzuholzen.

Das Gemälde gilt heute als spätes Meisterwerk unter den impressionistischen Gartenbildern. Zu Recht, wenn man allein schon betrachtet, welch reiches Farben- und Schattenspiel das durch die Kronen der Bäume einfallende Licht verursacht – und wie dies dann so flüchtig wie virtuos auf die Leinwand geworfen wurde! Ihm ist inzwischen aber auch eine denkmalpflegerische Bedeutung zugekommen, denn die heutige Gestalt des Grundstücks wurde auch nach dem Vorbild des Hannoveraner Bildes rekonstruiert.

Foto- und Inventarnachweis

Fotonachweis

Infografiken Klappen-Innenseiten: © Landesmuseum Hannover; S. 98, 100–101: Volker Minkus; alle weiteren Fotos: Landesmuseum Hannover, Ursula Bohnhorst und Kerstin Schmidt

Inventarnummern

Fachbereich Naturkunde
S. 24: M.624 • S. 26: 34581 • S. 28: 5626, 105588 • S. 30: 106451 • S. 32: 106234 • S. 34: 52005 • S. 38: 106453 • S. 40: 1023 • S. 42: 88012 • S. 44: 7985, 2306 • S. 46: 106452 • S. 48: 7974 • S. 50: 1031, 16393 • S. 52: 100922 • S. 54: o. Inv.-Nr. • S. 56: VII 163/108a • S. 58: 4783 • S. 60: 841 • S. 62: 753 • S. 64: 106226 • S. 70: 106227 A+B • S. 72: 38121, 35924 • S. 76: o. Nr.

Fachbereich Archäologie
S. 80: Leihgabe aus Privatbesitz • S. 82: 255:97 • S. 84: 295:2015 • S. 86: 1950:95 • S. 90: 101:50 • S. 92: 10:69 • S. 94: 25098 • S. 96: 16961 • S. 98: 22:61 • S. 100–103: 201500387a–z • S. 104: 362:69 • S. 106: 185:50 • S. 108: Dauerleihgabe des Museums der Archäologischen Arbeitsgemeinschaft Heidekreis e.V. in Bad Fallingbostel • S. 110: 1322:92 • S. 112: 17351 • S. 114: 199201146; 1142:92, 1119–1136:92, 1137:92, 199201138a, 199201139a, 199201140a, 199201141a, 199201144a, 199201145a, 199201143° • S. 116: 238:71/32 • S. 118: 1007:2001 • S. 120: 50:62 • S. 122: 7541–7545, 7541d, 7542d, 7545x • S. 124: 281:32

Fachbereich Völkerkunde
S. 126: 10609 • S. 128: 10197 • S. 130: 10217 • S. 132: 56 • S. 134: 1190 • S. 136: 14794 • S. 140: 14709, 14710 • S. 142: 15613–15754 • S. 146: 13929 • S. 148: 2671 • S. 150: 3683 • S. 152: o. Inv. • S. 154: 11891, 11892, 11895 und Dauerleihgabe Slg. Bahlsen, 306a–b, 6260–6261, 6260a–e • S. 156: 18721 • S. 158: 8993, P2383 f. • S. 160: 16264, 19236 • S. 162: o. Inv. • S. 164: 8374 • S. 166: 20030

Fachbereich Landesgalerie
S. 138: 06.081.047 • S. 170: HS 2332 • S. 172: PAM 894 • S. 174: WM XXVII, 3-8; PAM 712/713 • S. 176: WM XXXIII,27 • S. 180: Z5 • S. 182: WM XXIII,83 • S. 184: PAM 798 • S. 186: KM 132 • S. 188: PAM 983 • S. 190: PAM 965 • S. 192: PAM 1026 • S. 194: KA 156/19667 • S. 196: PAM 803 • S. 198: PAM 917 • S. 200: PAM 966 • S. 204: 02.049.036 • S. 206: 03.070.012 • S. 208: PAM 834 • S. 212: PAM 976 • S. 214: 06.090.001, 06.090.002 • S. 216: PNM 382–385 • S. 218: PNM 382–385 • S. 220: PNM 814 • S. 222: PNM 1035 • S. 224: PNM 818 • S. 226: PNM 482 • S. 228: KA 312/1967 (alt VNM 805) • S. 230: PPl. 2 • S. 232: KA 241/1967 • S. 234: PNM 941 • S. 236: PNM 576 • S. 238: KM 1955, 139 • S. 240: PNM 940 • S. 242: KM 32/1917 • S. 244: KM 32/1917 • S. 246: PNM 990 • S. 248: KM Slg. Wrede I,5 • S. 250: KM 7/1918 • S. 252: Gr. 1915,314 • S. 254: KM 1918, 11

Impressum

Herausgeberin
Katja Lembke

Lektorat
Christine Jäger-Ulbricht
(Sandstein Verlag)

Korrektorat
Meike Griese-Storck, Sina Volk
(Sandstein Verlag)

Gestaltung
Simone Antonia Deutsch
(Sandstein Verlag)

Umschlaggestaltung
Anna-Lena Drewes
(Landesmuseum Hannover)

Satz und Reprografie
Jana Neumann, Katharina Stark,
(Sandstein Verlag)

Druck und Verarbeitung
Grafisches Centrum Cuno
GmbH & Co. KG, Calbe

Verlag
Sandstein Verlag
Goetheallee 6
01309 Dresden
www.sandstein-verlag.de

Die Deutsche Nationalbibliothek verzeichnet diese Publikation in der Deutschen Nationalbibliografie; detaillierte bibliografische Daten sind im Internet über http://dnb.ddb.de abrufbar.

ISBN 978-3-95498-277-6